La Bible des Pouvoirs Psychiques

Jane Struthers

La Bible des Pouvoirs Psychiques

TOUT CE QU'IL FAUT
POUR DÉVELOPPER NOS
POUVOIRS PSYCHIQUES…

Traduit de l'anglais par Antonia Leibovici

Guy Trédaniel éditeur
19, rue Saint-Séverin
75005 Paris

Dans la même collection:

La bible du yoga, Christina Brown
La bible des cristaux volume i, ii, iii Judy Hall
La bible de l'homéopathie, Brenda Mallon
La bible des charmes, Ann-Marie Gallagher
La bible de la magie naturelle, A.M. Gallagher
La bible du feng shui, Simon Brown
La bible de l'astrologie, Judy Hall
La bible du massage, S. Mumford
La bible de l'aromathérapie, G. Farrer-Halls
La bible de la chiromancie, Jane Struthers
La bible de l'au-delà, Sarah Bartlett
La bible du tarot, Sarah Bartlett
La bible de la méditation, Madonna Gauding
La bible des chakras, Patricia Mercier
La bible des fées, Teresa Moorey
La bible des arts divinatoires, J. Struthers
La bible de l'astrologie chinoise, D. Walters
La bible de la médecine chinoise, J. Struthers
La bible de la réflexologie, Louise Keet
La bible des créatures mythiques, B. Rosen
La bible de la mythologie, Sarah Bartlett
La bible des signes et symboles, M. Gauding
La bible des rêves, Brenda Mallon
La bible de la phytothérapie, H.F. Knowles
La bible des sites sacrés, Antony Taylor
La bible des sociétés secrètes, Joel Levy
La bible des pouvoirs psychiques, J. Struthers
La bible des mandalas, Madonna Gauding
La bible de la sexualité sacrée, C. Lorius
La bible de l'ayurvéda, A. McIntyre
La bible de la numérologie, T. Moorey
La bible du pilates, Jo Ferris
La bible du taï chi, Dan Docherty
La bible du chamanisme, John Matthews
La bible des bonsaïs, Peter Chan

Titre original : The Psychic's Bible

ISBN : 978-2-8132-2552-8 - Imprimé en Chine

Sommaire

Introduction

Définir les facultés parapsychiques

Si vous avez un sixième sens, vous utilisez vos facultés parapsychiques. La plupart des êtes humains possèdent cinq sens physiques qu'ils considèrent comme normaux : vue, ouïe, odorat, goût et toucher. Nous en sommes tellement habitués que nous ne remarquons pas toujours à quel point nous dépendons d'eux. Cependant, quand on en vient à l'utilisation du sixième sens (faculté paranormale), la confiance s'estompe. Au premier abord, étant subtil et invisible, il est très difficile de le définir. On éprouve une étrange sensation au creux de l'estomac ou une « idée » surgit brusquement sans explication logique. On sait simplement qu'on est relié à quelque chose de mystérieux, de vague ou d'assez sinistre même.

Les facultés parapsychiques englobent une large gamme de capacités. Pensez-y comme à un commutateur : certains sont nés avec ce commutateur pleinement fonctionnel, de sorte que même dans leur enfance ils étaient parfaitement connectés à leur sixième sens, d'autres doivent faire de grands efforts pour l'activer, un peu comme apprendre à jouer d'un instrument. Avec de la pratique, ils constatent que ce qui leur semblait bizarre devient peu à peu seconde nature. D'autres encore ne se connecteront jamais consciemment à leurs facultés paranormales, peut-être parce qu'ils les craignent, pensent qu'elles sont mauvaises ou ne croient pas en des choses que la science est incapable d'expliquer, du moins pour le moment.

Être médium signifie être accordé à un monde invisible de sensations et de perspectives.

Les personnes très douées dans ce domaine sont en contact avec un monde invisible aux autres. Elles sont capables de voir des fantômes, des esprits et des auras, saisir une ambiance ou connaître des détails au sujet d'autrui sans les avoir appris. Les facultés paranormales varient d'une personne à l'autre.

Avec de la pratique, vous découvrirez quels outils psychiques marchent le mieux pour vous.

Comment ce livre peut vous aider

Que votre commutateur psychique soit déjà positionné sur « ouvert » ou que vous entamiez le développement des facultés paranormales, ce livre vous sera utile. Il vous enseignera une diversité de techniques, dont le travail avec le système énergétique subtil du corps conférant protection psychique et contactant les esprits guides. Le répertoire des facultés paranormales vous aidera à avancer progressivement.

Différentes facultés parapsychiques

Lorsque vos facultés parapsychiques commencent à se développer, il est difficile de les placer dans une catégorie précise. En entendant la sonnerie du téléphone, vous savez qui appelle. Vous connaissez parfois des choses sur une autre personne sans les avoir apprises. Vous aimez visiter des vieilles bâtisses imprégnées de l'atmosphère de ceux qui y vivaient. Vous ne pensez probablement pas à ces dons, exemples de facultés paranormales, si vous les avez eus toute votre vie. Chacun porte un nom spécifique.

Les boules de cristal existent en plusieurs tailles. Il est important de choisir celle qui vous convient le mieux.

À mesure que vous pratiquez et devenez plus confiant, vos lectures deviendront plus détaillées et plus intuitives.

Les quatre types de facultés paranormales

On distingue quatre catégories de facultés paranormales. La plupart des gens désireux de développer leurs talents psychiques constatent généralement qu'ils ont une disposition naturelle pour deux de ces catégories, comme la clairvoyance et la clairconnaissance. Il n'y a pas de catégorie meilleure qu'une autre ou spirituellement plus évoluée.

Clairvoyance

La plus connue des facultés paranormales. Signifiant « vision claire », c'est la capacité d'apercevoir les esprits, matérialisés ou visualisés.

Clairaudition

La capacité d'entendre la voix et le bruit des esprits, soit mentalement soit en tant que sons extérieurs.

Clairsensibilité

La capacité de s'accorder à l'atmosphère d'une pièce ou d'éprouver la détresse émotionnelle ou physique d'autrui comme si c'était la sienne. Tous les types d'intuition entrent dans cette catégorie.

Clairconnaissance

Le don psychique le moins connu des quatre. Il décrit la capacité de savoir des choses sans les avoir apprises et de recevoir des idées parfaitement formulées.

Comment la faculté paranormale peut-elle exister ?

Chaque personne est distincte en apparence. Je suis séparé de vous et vous êtes séparé de votre voisin. Nous imaginons que nous sommes tous des entités à part se connectant l'une avec l'autre purement par choix. Mais le sommes-nous ?

Pendant des millénaires, les mystiques ont considéré que tous les gens étaient connectés. Bouddha en a parlé, tout comme Jésus. Au lieu que chacun soit un petit monde distinct tournant sur sa propre orbite et se connectant uniquement quand il en a envie, d'un point de vue mystique je suis vous et vous êtes votre voisin, même le chat de votre voisin ou sa voiture. Il n'y a pas de différence entre nous.

L'EXPLICATION SCIENTIFIQUE

Il est intéressant de noter que la science, qui a dédaigné ces idées (et particulièrement les concepts religieux) pendant des siècles, est en train de les accepter. Les hommes de science découvrent maintenant ce que beaucoup de médiums savaient depuis longtemps, que tous les êtres sont connectés par

Les hommes de science commencent à explorer les champs énergétiques qui nous entourent.

leurs champs énergétiques. Ces champs sont désignés par toutes sortes de termes et leur existence est diversement expliquée, car la science commence à peine à les comprendre. Le Dr Rupert Sheldrake, scientifique britannique de renom, appelle ce champ « résonance morphique ».

L'analyse détaillée des champs énergétiques dépasse l'objectif de ce livre. Toute personne qui souhaite trouver une explication scientifique à ses facultés paranormales aborde mal le problème. Un médium n'a pas besoin que la science valide ses dons avant de croire en eux ou de se fier à eux.

EN LABORATOIRE

Si la science saisit le concept de cette connexion universelle grâce aux champs énergétiques, peut-elle les observer maintenant en action ? C'est effectivement vrai dans certains cas. Par exemple, la photographie Kirlian peut saisir sur pellicule l'aura (voir pages 82 et 83) d'une entité animée. Très souvent, les méthodes scientifiques sont peu adaptées à l'étude des facultés paranormales. Pour confirmer l'existence d'un phénomène, la science

La photographie Kirlian révèle l'aura de toute entité animée. Elle montre clairement des points d'énergie autour les bords de cette feuille.

doit le tester maintes fois. Bien qu'une caméra puisse prendre d'innombrables photographies de l'aura des feuilles, des gens et des animaux, les expériences ne peuvent pas être répétées de la même façon avec les hommes. Par définition, les médiums sont sensibles et réagissent mal à la pression de l'expérience en laboratoire. Ils peuvent fournir des preuves extrêmement convaincantes de leurs dons dans leur salle de consultation, mais échouent dans des conditions contrôlées. Pour compliquer encore les choses, on a constaté que même dans des conditions normales, la répétition d'un test psychique diminue fortement son taux de réussite.

Néanmoins, certains médiums ont passé les tests en laboratoire avec des résultats étonnants. Au début des années 1970, Uri Geller a participé à des tests minutieux dans divers laboratoires du monde. Au Stanford Research Institute (maintenant le SRI International) de Californie (États-Unis), il a pris part (avec succès) à de nombreuses expériences, y compris une pendant laquelle il a influencé un objet d'un gramme placé sous une cloche de verre, en le faisant peser plus et moins que son poids réel.

VOUS DÉCIDER

La meilleure manière d'évaluer les arguments en faveur des phénomènes psychiques ou contre eux et de comprendre à peu près leur fonctionnement est d'en faire soi-même l'expérience. Si vous n'avez jamais consulté un médium ou bénéficié d'une guérison psychique, le moment est peut-être venu de le faire. Si vous avez envie d'expérimenter vos propres facultés parapsychiques sans savoir comment, notez toute intuition et prémonition éprouvées, ainsi que toute coïncidence. Il se peut que vous découvriez que vous touchez à quelque chose qui vous dépasse. Prêtez davantage d'attention à vos facultés paranormales et elles se mettront à se développer.

Les cartes de Zener sont parmi les moyens classiques de test des pouvoirs télépathiques.

Tous les gens sont-ils des médiums ?

Tous les gens ne naissent pas avec leurs cinq sens physiques intacts. Ils peuvent naître aveugles, sourds ou atteints d'autres problèmes physiques qui compromettront ou affecteront l'un de leurs sens. À un degré ou un autre, chaque enfant naît avec une faculté paranormale. La question est de savoir ce qu'il en fait.

ENFANTS PARANORMAUX

Les jeunes enfants se servent naturellement de leurs facultés paranormales. Beaucoup ont des camarades de jeu invisibles. Ceux-ci sont-ils des fruits de

La faculté paranormale débute à la naissance, bien que son emploi soit particulier à chacun.

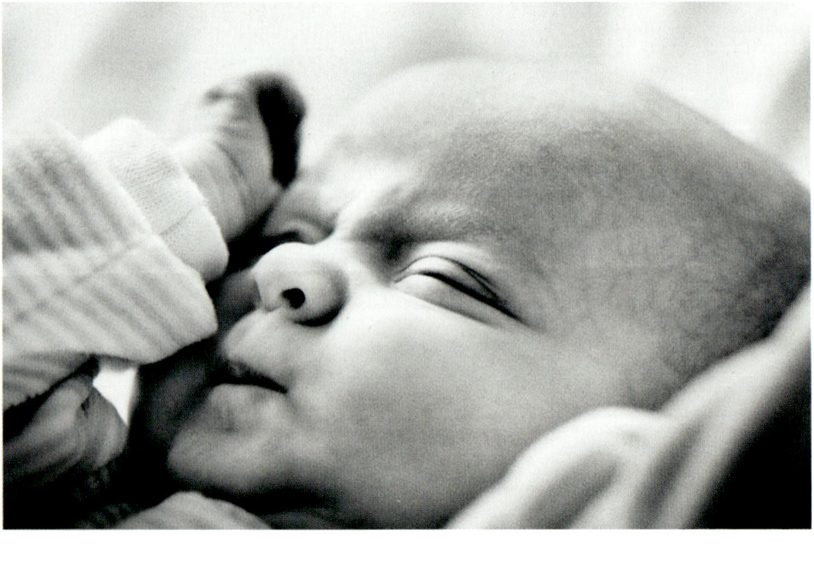

Les jeunes enfants font souvent montre d'une faculté paranormale remarquable et instinctive.

leur imagination débordante ou existent-ils et seuls les enfants sont-ils capables de les voir ? Les enfants racontent souvent avoir reçu la visite de gens qui, décrits, semblent être des membres décédés de la famille, comme leurs grands-parents. Beaucoup d'enfants se souviennent des instants de leur vie antérieure, mais cette capacité s'estompe avec le temps. Bien entendu, le nombre d'enfants capables de se souvenir de leur vie antérieure est plus élevé dans les cultures où la réincarnation est acceptée comme une partie du cycle de la vie.

Les enfants se servent de leurs talents psychiques et vers les 7 ans, ils arrêtent généralement, plus conscients du monde des adultes, qui leur enjoint de ne pas raconter d'histoires, car ils sont trop grands pour avoir des amis invisibles ou pour prétendre que le fantôme d'un vieil homme vit dans la chambre d'amis. Ils apprennent à taire leurs expériences psychiques pour ne pas se faire gronder. Leurs facultés parapsychiques s'estompent très souvent en partie par manque d'usage, en partie par l'affaiblissement de la foi en elles.

ADULTES PARANORMAUX

Si vous vous reconnaissez dans ces descriptions, ne désespérez pas, car il est facile de réactiver vos facultés paranormales. Vous pouvez éveiller vos dons psychiques dormants, même s'ils ne se sont pas manifestés dans l'enfance. À un degré ou un autre, tous les gens sont médiums.

C'est mon imagination ?

Lorsque vous commencez à exploiter vos facultés paranormales, il est très difficile de savoir si vous utilisez réellement vos pouvoirs ou si vous imaginez seulement qu'ils agissent. D'habitude, ces facultés se manifestent très subtilement. Après tout, si les facultés parapsychiques s'annonçaient en fanfare, si tout le monde pouvait pratiquer la télékinésie et déplacer à volonté des objets autour d'une pièce, la science aurait accepté depuis longtemps l'existence de ce genre de capacités.

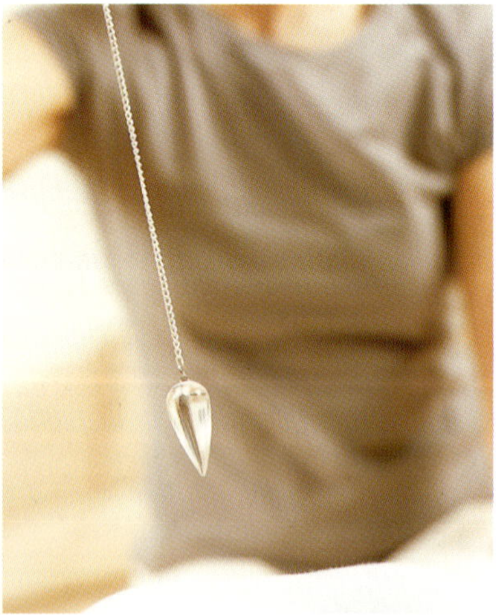

Un pendule en cristal est un instrument très sensible si on sait l'utiliser.

Déterminer si vos facultés parapsychiques naissent de votre imagination est très important. Pour avoir une certitude quant à ce qui se passe, restez calme et centré avant de vous servir de ces facultés. Gardez l'esprit ouvert et soyez positif.

RESTER CALME

En restant équilibré et calme, vous arriverez à détecter le moment où des changements prennent place dans votre champ énergétique, confirmant l'existence d'une connexion psychique. Si vous êtes nerveux, vous ne la remarquerez pas.

GARDER UN ESPRIT OUVERT

Si vous ne gardez pas l'esprit ouvert à propos de vos expériences psychiques, soit vous tiendrez chaque événement

La méditation est un excellent moyen d'atteindre un état d'esprit calme.

pour un message psychique, soit vous penserez perdre votre temps. Ces deux attitudes viennent d'un esprit fermé. Si vous pensez que toute sensation éprouvée, si infime soit-elle, signale une connexion psychique, vous êtes aussi dogmatique que si vous prétendez que les facultés paranormales n'existent pas. Même les médiums expérimentés restent ouverts à la possibilité que la communication venant apparemment d'un esprit puisse être le fait de leur imagination débordante. Voilà pourquoi ils lui demandent toujours des preuves, afin d'avoir la certitude d'un contact véritable.

Les facultés parapsychiques sont-elles dangereuses ?

Les films et les livres d'horreur sont en grande partie responsables de cette idée. Ils racontent souvent l'histoire d'une personne innocente et assez naïve, dont les facultés parapsychiques commencent à se développer et, ce faisant, déchaînent des forces malfaisantes qui détruisent la vie de tous ses proches. La réalité est néanmoins différente.

PRENDRE DES PRÉCAUTIONS

Oui, des dangers existent quand il s'agit du développement de vos facultés parapsychiques, mais ils se manifestent seulement si on ne se protège pas correctement. L'idée même peut alarmer, bien qu'elle soit parfaitement raisonnable. Laisseriez-vous votre porte grande ouverte jour et nuit, pour que tous – amis et ennemis – puissent entrer chez vous ? Non. Inviteriez-vous un parfait étranger, dont vous ne savez rien, à passer la journée avec vous ou le laisseriez-vous influencer toutes vos pensées et tous vos actes ? Non. Si en bavardant avec un étranger dans le bus vous vous entendez dire comment mener votre vie, suivriez-vous son conseil ? Probablement pas. Vous descendriez même du bus avant votre arrêt pour vous en éloigner.

Bien qu'ils verrouillent leurs portes pour tenir à l'écart les intrus, certains offriront de plein gré accès sans restriction à des habitants du monde des esprits sans vérifier nullement qui ils sont. Quelques moyens simples de le faire existent. Vous devez « tester les esprits », comme le dit saint Paul, en leur demandant s'ils viennent avec de bonnes intentions. Si vous commencez à développer vos facultés parapsychiques sans savoir à qui vous avez affaire, votre vie n'imitera certes pas le roman d'horreur de Stephen King, *Carrie*, mais vous connaîtrez quelques expériences désagréables. Deux précautions valent mieux qu'une. Ne vous inquiétez pas d'offenser les esprits en leur demandant s'ils sont bienveillants. Ils s'y attendent.

Si vous adhérez à un groupe de rencontre paranormale, assurez-vous qu'il est dirigé par une personne qui sait ce qu'elle fait.

Se préparer

Avant de faire un effort conscient pour développer ses facultés parapsychiques, on doit s'y préparer. On pourra ainsi consolider la connexion avec l'intuition et avec tout esprit ou guide qu'on est susceptible de contacter. Par ailleurs, on aura une meilleure idée du moment où interviendra l'activation de ses facultés paranormales.

Sans préparation au travail psychique, on n'ira jamais très loin et on ne saura pas si les impressions reçues viennent de son mental ou d'influences extérieures.

Il est très important de s'ancrer et de s'équilibrer avant d'entamer tout travail psychique. L'exercice des pages 24 et 25 est utile. D'autres méthodes de préparation sont présentées ci-après.

Rester calme et équilibré vous aidera à vous accorder avec vos facultés paranormales.

RITUELS

Un moyen très efficace de se préparer à tout travail psychique est de pratiquer un rituel, simple ou complexe : on allume une bougie, on tient un cristal, on psalmodie « Om », on écoute de la musique, tout ce qui met à l'aise et dans un état d'esprit approprié. Par exemple, en choisissant la musique, on obtient de meilleurs résultats avec de la musique classique ou sacrée qu'avec du rock. Il faut être détendu et contemplatif, pas bourré d'adrénaline et prêt à une soirée exubérante.

BOUGIES

Si on décide d'allumer quelques bougies, leur couleur doit être soigneusement choisie. Les bougies blanches sont idéales, car elles émettent une énergie purificatrice et protectrice. On peut utiliser de grandes bougies ou des petites, en prenant toutes les précautions pour éviter un incendie accidentel. Il est préférable d'éviter les bougies rouges ou noires, qui émettent des énergies très puissantes, inappropriées pour ce genre de travail.

La pratique d'un rituel particulier s'avère utile avant de commencer un travail paranormal.

S'ancrer et s'équilibrer

Lorsqu'on se prépare à s'accorder à ses facultés parapsychiques, le premier pas consiste toujours à s'ancrer et à s'équilibrer. Si on est centré et calme, on détectera plus facilement tout changement dans ses émotions ou son corps physique venant de ses facultés parapsychiques. Par contre, si on se sent anxieux et nerveux, on aura du mal à savoir si les sentiments additionnels viennent de soi-même ou de forces extérieures. Si son mental déborde déjà de pensées, on ne remarquera pas une idée de plus.

L'exercice d'ancrage ci-contre est à utiliser toujours avant tout travail psychique, mais il convient parfaitement en cas d'agitation ou d'anxiété. En se familiarisant avec l'exercice, on peut l'effectuer partout, même dans la file d'attente au supermarché.

EXERCICE D'ANCRAGE

Quand vous effectuerez pour la première fois cet exercice, il semblera assez long, mais il s'accélérera avec de la pratique. Au début, pratiquez assis. Par la suite, si vous le souhaitez, effectuez l'exercice debout.

1 Asseyez-vous confortablement sur une chaise, pieds à plat sur le plancher. Si vos pieds n'atteignent pas le plancher, mettez un coussin sous eux. Si vous n'arrivez pas à placer physiquement les pieds sur le sol, faites-le dans votre imagination.

2 Prenez trois respirations profondes, relâchez toute tension sur l'expiration, puis respirez normalement.

3 Imaginez de nombreuses racines s'enfonçant dans le sol à partir de la plante de vos pieds, qui semble immense. Voyez-les pénétrer dans les profondeurs de la terre, jusqu'au centre de la planète. Sachez qu'elles grandissent et se multiplient. Par ce processus, vous vous connectez à l'énergie et à la solidité de la terre.

4 Imaginez maintenant que les racines absorbent l'énergie de la terre qui arrive dans vos pieds et charge votre corps de lumière blanche. Visualisez l'énergie arrivant avec chaque inspiration jusqu'à ce que l'ensemble de votre corps soit rempli de lumière.

Synchronicité et coïncidence

Quand est-ce qu'une coïncidence n'est pas une coïncidence ? Lorsqu'elle est un exemple de synchronicité. Le concept de synchronicité, développé par Carl Jung, célèbre psychanalyste suisse, et par Wolfgang Pauli, médecin suisse, signifie « coïncidence dans le temps ». Jung l'utilisait pour décrire ce qu'il appelait « théorie de la connexion acausale », créant une relation significative entre deux événements prenant place simultanément.

LA VOLÉE D'OISEAUX

Comment la synchronicité fonctionne-t-elle dans la réalité ? Jung est arrivé à ce concept grâce à l'un de ses patients. L'épouse de celui-ci avait raconté à Jung que lorsque sa mère et sa grand-mère étaient décédées, des volées d'oiseaux s'étaient rassemblées à l'extérieur de la maison. Le patient de Jung souffrait apparemment d'une affection cardiaque, il l'a donc adressé à un cardiologue. En rentrant de chez celui-ci, qui l'avait déclaré en parfaite santé, l'homme s'est effondré dans la rue. Son épouse soupçonnait déjà que qu'un malheur était arrivé, car une volée d'oiseaux s'était posée sur leur maison.

QU'EST-CE QUE CELA VEUT DIRE ?

On peut soutenir que la volée d'oiseaux n'est qu'une coïncidence, assurément remarquable, qui a un sens particulier pour l'épouse du patient. On peut aussi affirmer que la volée d'oiseaux s'est posée sur la maison à d'autres occasions, sans qu'un proche décède. Toutefois, ce n'est pas là l'important. Le fait est que les oiseaux se sont réunis lors de la mort de la mère, de la grand-mère et de l'époux, et que la femme y voyait une signification.

Il n'y a pas de règle quant à ce que constitue la synchronicité. C'est tout à fait individuel.

Quelles sont mes facultés paranormales

Si vous lisez ce livre, vous êtes déjà intéressé par les phénomènes psychiques et vous voulez apprendre comment introduire plus d'expériences psychiques dans votre vie. Vous vous demandez aussi peut-être quelles sont vos facultés parapsychiques.

Répondez aux questions suivantes aussi honnêtement que possible, par « oui » ou par « non ». Si vous pensez n'avoir aucune faculté, il se peut que vous vous trompiez. Il y a de nombreux cas où les facultés parapsychiques se développent relativement tard, souvent avec d'extraordinaires résultats qui changent la vie.

Faites de votre mieux pour rester ouvert à l'idée que vous deviendrez plus puissant que vous l'êtes en ce moment. Cela incitera votre inconscient à détecter de plus de phénomènes psychiques. Au contraire, si vous vous dites que vous n'êtes pas médium et ne le serez jamais, vous amoindrissez grandement vos facultés paranormales.

- ☐ Avez-vous jamais eu une prémonition qui s'est avérée juste ?
- ☐ Quand vous étiez enfant, aviez-vous des amis invisibles ?
- ☐ Avez-vous jamais vu ou perçu un fantôme ?
- ☐ Vous êtes-vous jamais senti incapable d'entrer dans une pièce à cause de son ambiance désagréable ?
- ☐ L'un de vos rêves est-il devenu réalité ?
- ☐ Avez-vous jamais senti, sans vous tromper, que l'un de vos proches était en danger ?

Expériences passées

- ☐ Avez-vous jamais pensé à quelqu'un, puis reçu un appel de sa part ?

- ☐ Avez-vous jamais vu des lumières voilées autour des choses, animées ou non ?

- ☐ Avez-vous jamais remarqué des odeurs fortes, d'une signification particulière pour vous, que nulle autre personne ne détecte ?

- ☐ Avez-vous jamais fait une « expérience extrême », où vous sentiez qu'il n'y a aucune division entre vous et le monde qui vous entoure ?

- ☐ Avez-vous jamais décidé de ne pas acheter quelque chose parce que vous n'aimiez pas le sentiment qui s'en dégageait ?

- ☐ Avez-vous jamais touché un objet et été submergé par des sensations ou des émotions autres que les vôtres ?

- ☐ Vous êtes-vous jamais senti déprimé ou craintif sans raison apparente, puis entendu parler d'une grande catastrophe peu de temps après ?

Expériences présentes

- ☐ Savez-vous parfois qui est à l'autre bout du fil avant de répondre ?
- ☐ Avez-vous une affinité spéciale avec les animaux ?
- ☐ Savez-vous instinctivement quand quelqu'un se sent mal ?
- ☐ Quand vous êtes fâché ou troublé, avez-vous un effet négatif sur les appareils, comme les ordinateurs ?
- ☐ Les gens vous disent-ils que vous êtes trop sensible et facilement blessé ?
- ☐ Croyez-vous dans le pouvoir du mental sur le corps ?
- ☐ Savez-vous parfois ce que quelqu'un dira avant qu'il n'ouvre la bouche ?
- ☐ Vos mains picotent-elles quand vous êtes avec des malades ?
- ☐ Apercevez-vous du coin de l'œil des choses qui ne sont pas là quand vous regardez de nouveau ?
- ☐ Avez-vous foi en vos intuitions, spécialement quand vous investissez de l'argent ?
- ☐ Quand vous attendez des visiteurs, sentez-vous d'habitude leur arrivée avant de les voir ou de les entendre ?
- ☐ Croyez-vous aux anges et aux fées, même si vous n'en avez jamais vu ?

Score

Comptez vos « oui », puis regardez le score ci-dessous.

25–19 Vos facultés paranormales sont fortes et peuvent être développées. Vous pouvez adhérer à un groupe de développement psychique.

18–12 Vous êtes bien plus fort que vous le pensez. Laissez circuler vos pensées et impressions.

11–6 Continuez à travailler ! Vos facultés paranormales innées attendent d'être améliorées.

5–0 N'abandonnez pas. Vous bloquez peut-être certaines de vos impressions psychiques pour une quelconque raison, par exemple la peur. Pratiquez l'ouverture d'esprit.

Ne vous attendez pas à ce que vos facultés paranormales innées se développent instantanément. Il leur faut du temps.

Explorer le mental

Le fonctionnement du mental

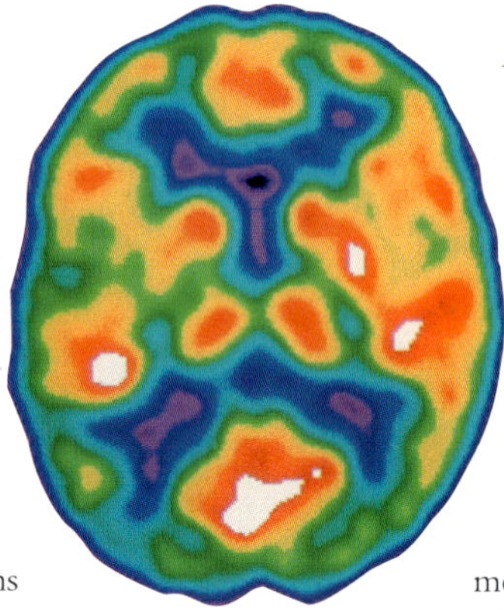

Les scanners révèlent différentes zones d'activité cérébrale.

Le mental est un mystère. Des psychologues éminents ont tenté d'expliquer son fonctionnement, sans qu'aucun n'y parvienne tout à fait, car le mental, dépourvu d'emplacement physique, ne peut pas être examiné. Selon eux, le mental est renfermé dans le cerveau ou alors situé hors du corps : certains avancent qu'il s'agit en fait de l'esprit. Quand le corps meurt, le mental ou l'esprit s'en va en laissant derrière lui une coquille vide.

CERVEAU CONTRE MENTAL

Le cerveau régit le comportement et les systèmes corporels complexes, dont le système nerveux autonome, qui contrôle toutes les fonctions involontaires du corps. Pour autant qu'on le sache, le mental, quant à lui, n'accomplit aucune de ces tâches. On peut y penser comme à des parties du cerveau conférant la personnalité, accompagnée d'une foule de particularités et d'excentricités. C'est vraisemblablement le mental plutôt que le cerveau qui développe des facultés parapsychiques comme la télépathie et la préconnaissance.

L'APPROCHE FREUDIENNE

Le fonctionnement du mental a passionné beaucoup de grands psychiatres et psychothérapeutes, comme Carl Jung et Sigmund Freud. Chacun a développé sa propre théorie à propos de la façon dont travaille le mental et de ce qui fait de l'individu un être humain unique. Les idées de Jung sont expliquées en détail aux pages 46 à 49.

Sigmund Freud a divisé le mental en cinq catégories : l'ego, le ça, le sur-moi, le conscient et le subconscient.

Pour Freud, fondateur de la psychanalyse, la personnalité humaine est influencée par le subconscient. Le fait même que cette partie du mental échappe à la conscience signifie qu'on ne réalise pas son existence, donc la manière dont elle affecte l'individu. Selon lui, le subconscient est soumis surtout à l'influence des conflits cachés, nés du traumatisme des expériences sexuelles de l'enfance. Ces souvenirs sexuels désagréables sont refoulés, dans l'espoir qu'ils s'en iront, mais ils se dissimulent au tréfonds de l'inconscient et se manifestent en tant que comportement névrotique ou appaaissent dans les rêves. Freud affirmait que les rêves pouvaient être analysés pour s'attaquer aux névroses et les traiter.

États alternés de conscience

Les cinq longueurs d'onde

- **Les ondes delta** opèrent le plus lentement et apparaissent pendant le sommeil profond.
- **Les ondes thêta** sont générées naturellement pendant le sommeil. Elles sont en relation avec la créativité, l'intuition et les états de transe.
- **Les ondes alpha** dominent tôt le matin et lorsqu'on est détendu. Elles sont connectées au processus créatif.
- **Les ondes bêta** naissent quand on est actif et entravent le processus créatif.
- **Les ondes gamma** sont les plus rapides. Elles sont associées à la réflexion complexe.

Au premier coup d'œil, l'homme semble posséder deux états de conscience : un à l'état de veille et un pendant son sommeil. Mais les scientifiques considèrent actuellement que l'activité cérébrale est divisée en cinq longueurs d'onde : delta, thêta, alpha, bêta et gamma.

TRADITIONS CHAMANIQUES

Beaucoup de cultures induisent délibérément les ondes thêta et alpha afin d'atteindre des états alterés de conscience.

Les chamanes y parviennent à travers des rituels où ils battent le tambour, psalmodient et dansent. L'atteinte d'un plan différent de conscience leur permet de pratiquer la guérison et la divination.

ONDES CÉRÉBRALES ET CRÉATIVITÉ

Lorsque le cerveau émet des ondes alpha ou thêta, l'homme est le plus créatif. Le café et les autres stimulants interfèrent avec ces ondes cérébrales, alors qu'on est bien plus créatif en étant détendu. Des exemples connus montrent que les états de somnolence sont liés à la créativité. Lorsque Elias Howe devait concevoir une aiguille pour son prototype de machine à coudre, il avait rêvé que le roi de la tribu lui ordonnait de fabriquer une telle machine. Quand il avait expliqué ne pas en être capable, tous avaient frappé plusieurs fois leurs lances contre le sol. Howe s'était rendu compte qu'il y avait un trou juste sous la pointe de chaque lance, et que les lances se déplaçaient comme les aiguilles d'une machine à coudre.

Page ci-contre : battre rythmiquement le tambour est un bon moyen d'induire un état alpha.

Quand on veut régler un problème, on dit souvent qu'on « va dormir dessus ».

Quitter le corps

Normalement, on est fermement attaché à son corps, tellement habitué à lui qu'on n'y pense même pas. À l'occasion, un incident quelconque peut inciter à quitter temporairement ce corps.

LE CORPS ASTRAL

Depuis des siècles, les hommes sont persuadés de l'existence du corps astral, censé être une réplique exacte du corps physique, auquel il est connecté par une corde argentée. Le corps astral et le corps physique sont d'habitude parfaitement alignés, mais parfois sortent de cet alignement pour diverses raisons, suscitant la sensation d'avoir quitté son corps.

EXPÉRIENCES DE SORTIE DU CORPS

Ces expériences se produisent en général spontanément. Les personnes les ayant connues racontent être dans leur corps un instant, puis se retrouver brusquement hors de celui-ci. Elles flottent au-dessus de leur corps, qui reste visible à leurs yeux, ou se retrouvent dans des environnements complètement différents, par exemple à virevolter dans l'espace. L'expérience achevée, la personne a la sensation de revenir dans son corps, souvent à travers sa tête, aisément ou difficilement.

On pense que ces expériences font s'éloigner temporairement le corps astral des confins du corps physique. Très souvent, la personne distingue la corde argentée liant son corps astral à son corps physique et est consciente que si cette corde est tranchée, elle mourra.

Parfois, une personne quitte son corps pendant une opération ou lorsqu'elle est malade. Toutefois, ce genre d'expérience peut se produire en dormant ou en s'assoupissant, même si sa santé est parfaite.

Les expériences de sortie du corps sont censées être des exemples de voyage astral.

Beaucoup de gens ayant connu une expérience de mort imminente parlent de la traversée d'un tunnel.

EXPÉRIENCE DE MORT IMMINENTE

Rien de nouveau, car le *Livre tibétain des morts* datant du VIIIe siècle av. J.-C. mentionne ce genre d'expériences Appelées jadis visions sur le lit de mort, elles sont maintenant sujet de livres et d'études de longue durée tentant de déterminer la réalité de leur existence. Curieusement, elles suivent toutes à peu près le même modèle. Le plus remarquable est que les personnes connaissant ces expériences sont changées à tout jamais. Elles deviennent plus sensibles ou plus compatissantes, leur vie se modifie de manière parfois spectaculaire, elles se découvrent des talents cachés.

Comme son nom l'indique, une expérience de mort imminente se produit quand une personne est sur le point de trépasser. Elle quitte spontanément son corps, en restant consciente de tout ce qui se passe et flotte vers un tunnel obscur débouchant sur un endroit très lumineux où des gens amicaux, des proches décédés, des étrangers ou des symboles religieux, comme des anges ou Jésus, l'accueillent. Toute sa vie se déroule alors devant ses yeux, elle peut voir ce qu'elle sait et ce qu'il lui reste à apprendre. C'est d'habitude à ce point qu'on lui dit qu'elle doit retourner sur terre, et qu'elle réintègre à contrecœur son corps.

Pour les sceptiques, ces expériences ne sont que les sensations éprouvées lorsque le cerveau se meurt. Ils sont cependant incapables d'expliquer pourquoi les personnes ayant connu ces expériences peuvent souvent décrire en détail ce qui s'est passé autour d'elles pendant leur absence. Dans certains cas, elles précisent ce qu'elles ont vu sur le haut des armoires ou des placards en s'envolant. Les patients hospitalisés décrivent des événements ayant pris place dans d'autres parties du bâtiment pendant leur expérience de mort imminente.

PROJECTION ASTRALE

Certains se prétendent capables de quitter leur corps à volonté et de voyager sur le plan astral pour visiter d'autres lieux ou observer des gens qu'ils connaissent, en restant eux-mêmes invisibles, avant de retourner dans leur corps. C'est là un processus assez semblable à une expérience de sortie du corps. La projection astrale est parfois confondue avec la projection éthérique, où la personne quitte son corps, mais est visible à ceux qu'elle visite.

Exploiter les états de conscience

Bien avant que les hommes de science soient capables de mesurer et d'enregistrer les ondes cérébrales (voir pages 36 et 37), certains savaient comment atteindre un état alterné de conscience : en absorbant des substances hallucinogènes, comme le peyotl, en pratiquant des rituels conçus pour les lancer depuis leur monde normal vers un autre, mystique ou surnaturel. Grâce à la méditation, à la psalmodie, au yoga et au jeûne, on peut entrer dans ces états de conscience sans recourir à des drogues.

À chaque fois que le cerveau émet des ondes alpha, l'individu est détendu et créatif. Cet état apparaît naturellement à l'aube, juste après l'éveil, partie de la journée convenant le mieux à la méditation ou à une activité créative. Dans les communautés monastiques, tant occidentales qu'orientales, les moines et les nonnes se lèvent tôt pour prier et méditer. Beaucoup d'écrivains profitent de la créativité de leur état alpha naturel en se mettant au travail de bon matin.

Vous pouvez méditer assis en tailleur sur le plancher (ou assis sur une chaise, si c'est plus confortable).

INDUIRE UN ÉTAT ALPHA

Si vous voulez améliorer vos facultés parapsychiques, vous constaterez que votre intuition agit particulièrement bien tôt le matin, quand vous êtes encore un peu endormi. Vous pouvez toutefois induire un état alpha à tout moment de la journée.

1 À chaque fois que vous souhaitez favoriser un état alpha, détendez votre corps autant que possible et fermez les yeux.

2 Placez le bout de votre langue contre vos deux dents de devant, au niveau du palais. Gardez-y la langue aussi longtemps que vous désirez faire durer l'état alpha. Essayez ce procédé quand vous écrirez quelque chose de créatif, méditez, guérissez, pratiquez le yoga ou utilisez vos facultés parapsychiques.

MÉDITATION

La méditation remplit plusieurs fonctions. Excellent moyen de se détendre, elle est bénéfique à la santé et aide même à diminuer la tension artérielle et l'anxiété générale. La méditation purifie parfaitement le mental, offre une meilleure concentration et une clarté de pensée plus grande, favorise l'amélioration des facultés parapsychiques en facilitant le contact avec le monde des esprits.

L'un des avantages de la méditation est qu'aucun équipement particulier n'est requis. On peut méditer assis en tailleur sur le plancher, un coussin soutenant la base de la colonne vertébrale, assis sur une chaise ou sur un coussin zen (qui soutient le corps quand on s'agenouille sur le plancher). L'important est d'être à l'aise, car on a du mal à se concentrer sur la méditation si le dos est douloureux ou si les jambes sont en train de s'engourdir.

Cet homme est assis dans la posture du demi-lotus, mais celle-ci n'est pas indispensable à la méditation.

Diverses formes de méditation

De nombreuses méthodes différentes existent. Expérimentez jusqu'à trouver celle vous convenant le plus, ou pratiquez plusieurs techniques. À chaque fois que vous êtes dérangé par des pensées indésirables, identifiez-les sans vous laisser entraîner, puis laissez-les s'en aller. Il est utile d'imaginer ces pensées comme des nuages s'éloignant dès qu'ils apparaissent. Pour commencer, visez à méditer environ 20 minutes deux fois par semaine. Augmentez peu à peu le nombre de séances pour vous accorder le temps de vous habituer à la pratique. Voici quelques suggestions pour différentes méditations.

- **Méditation concentrée** sur un objet, comme la flamme d'une bougie ou un cristal.
- **Méditation de visualisation**, où vous imaginez faire un voyage ou rencontrer un esprit guide.
- **Méditation guidée**, où vous écoutez une cassette ou un CD de méditation.
- **Méditation transcendantale**, où vous répétez sans cesse un mantra.
- **Méditation d'écoute**, où vous gardez les yeux ouverts et écoutez ce qui se passe autour de vous. Le but est de rester attentif et conscient de votre environnement.
- **Méditation bouddhique**, où vous observez l'inspiration et l'expiration.

L'héritage de Carl Jung

Depuis le début du XXe siècle, l'œuvre de Carl Jung a exercé une extraordinaire influence sur la pensée occidentale. Né en Suisse en 1875, Jung a suivi une formation de psychiatre. Dès le début de sa carrière, il s'est passionné pour l'occultisme. Cet intérêt a fini par le brouiller avec son mentor, Sigmund Freud, qui tenait l'occultisme pour un « tas de boue ». Leurs opinions divergeaient aussi quant à l'influence du refoulement sexuel sur la personnalité. Ils ont fini par réaliser qu'ils ne pouvaient plus travailler ensemble.

L'INCONSCIENT COLLECTIF

Jung était fasciné par les rêves et faisait toujours attention aux siens. À la différence de Freud, qui voyait l'inconscient (ou le subconscient, comme il préférait l'appeler) comme un dépotoir de toutes les choses refoulées liées au passé de l'individu, Jung tenait l'inconscient pour un riche entrepôt d'idées et de symboles appartenant à toutes les cultures, permettant d'apprendre des choses sur l'avenir et le passé de l'individu.

En 1909, après avoir fait un rêve devenu célèbre, il a formulé ses théories sur l'inconscient. Il se trouvait au premier étage d'une vieille maison. Les meubles étaient beaux, mais comme le rez-de-chaussée lui était inconnu, il est descendu le regarder. Là, tout était plus usé et plus sombre. Jung a vu une trappe dans le plancher, s'ouvrant sur une cave parsemée de vaisselle cassée et d'os, dont deux crânes humains.

En analysant ce rêve, Jung a réalisé qu'il s'agissait de la psyché. L'étage était sa personnalité consciente. Le rez-de-chaussée était le premier niveau de l'inconscient, que Jung a nommé inconscient personnel. La cave représentait la partie primitive de la psyché, « un monde qui peut à peine être atteint ou éclairé par la conscience ». Jung l'a appelé inconscient collectif, car il est partagé par tous les hommes.

Carl Jung a été passionné toute sa vie par des sujets comme l'alchimie, l'astrologie, le folklore et la mythologie.

JUNG ET L'OCCULTISME

Jung a étudié de nombreux domaines de l'occultisme. Il a appris à lire les thèmes astraux et s'est intéressé au Yi King (voir pages 200 à 207). Pour lui, l'astrologie et le Yi King étaient des exemples primaires de synchronicité (voir pages 26 et 27). Jung avait appris le Yi King auprès de Richard Wilhelm, célèbre auteur allemand d'un livre traitant ce sujet. Quand ce livre a été traduit en anglais, Jung en a rédigé l'introduction.

Mandalas

La réceptivité de Jung aux images et aux symboles d'autres cultures l'a conduit dans bon nombre de directions. Pendant la Première Guerre mondiale, alors qu'il était le commandant d'un camp de prisonniers britanniques, il avait commencé à tracer des mandalas (« mandala », cercle en sanskrit). Chaque mandala représentait son état psychique le jour respectif. L'ensemble du processus s'était avéré très utile, car il avait pu rassembler ainsi les fils de sa vie et trouver parmi eux un point de concentration.

Les mandalas remontent à la nuit des temps. On les trouve dans le monde entier, dont le Sud-Ouest américain. Ils sont d'habitude circulaires, mais englobent très souvent un carré, une croix ou un triangle.

Par exemple, un mandala doit être divisé en quadrants se reflétant l'un dans l'autre et être décoré de motifs harmonieux. Pour Jung, les mandalas ont un pouvoir extraordinaire parce qu'ils sont des images sacrées représentant la psyché intégrée, le but que tous les hommes s'efforcent d'atteindre.

En abordant le domaine des mandalas, vous pouvez tracer le vôtre, comme Jung, ou étudier un déjà créé. Beaucoup de cathédrales, comme Chartres et Notre-Dame, sont ornées de vitraux circulaires qui sont en fait des mandalas. Dans la culture tibétaine, de superbes mandalas sophistiqués sont souvent créés avec du sable coloré, étudiés un certain temps, puis détruits, pour laisser la place à de nouvelles variantes.

Rêves

Les rêves offrent un aperçu fascinant du fonctionnement du mental inconscient.

Tout le monde rêve. Rêver est essentiel à la santé mentale, pour des raisons que la science étudie encore. S'il est privé de sommeil pendant plusieurs jours de suite, l'individu risque de devenir psychotique – état provoquant des dommages cérébraux irréversibles. Même après une seule nuit sans dormir, des cauchemars peuvent se déclencher à l'état de veille ou des rêves vivaces naître lorsqu'on somnole. Le cerveau tente ainsi de se rattraper en rêvant, afin de maintenir la santé du corps. Lorsque le sommeil correct est restauré, une série de rêves animés intervient.

QUE SONT LES RÊVES ?

Bien qu'on puisse dormir huit heures d'affilée, on ne rêve pas durant toute cette période. On fait plutôt des rêves successifs, accompagnés de mouvements oculaires rapides. À la fin du rêve, on revient à un sommeil paisible, avant le début de la séance suivante de sommeil paradoxal.

L'âge détermine la durée de temps passée à rêver. Les bébés rêvent le plus, les personnes séniles, le moins. Même les animaux rêvent.

UN MESSAGE DU RÊVE

Certaines personnes pensent que les rêves sont la manière dont le cerveau se débarrasse des informations redondantes. La psychothérapie accorde une grande importance aux rêves, convaincue qu'ils mettent en lumière l'inconscient et véhiculent donc des messages notables. En analysant nos rêves, nous pouvons comprendre notre inconscient et accepter les problèmes qui nous perturbent.

VOYAGE ASTRAL

Lorsqu'on dort, reste-t-on dans le corps ou voyage-t-on sur le plan astral ? Beaucoup de gens pensent que cela expliquerait assurément les rêves vivaces où on rencontre des proches décédés ou on se retrouve dans un environnement éthéré. C'est habituel d'apprendre en rêve des informations importantes, même si on les oublie au réveil ; elles sont toujours emmagasinées dans l'inconscient. Il y a aussi des théories affirmant que lorsqu'on rêve voler dans le ciel comme un oiseau, expérience relativement commune, on est en fait dans un voyage astral.

RÊVES PRÉMONITOIRES

Parfois, les rêves ont une manière troublante de devenir réalité, ce sont des rêves prémonitoires. Bon nombre de ce genre de rêves ont été consignés, entre autres dans les archives créées en 1930 par le Dr J. B. Rhine de l'université Duke de Caroline du Nord (États-Unis). Sa fille, Sally Rhine Feather, enrichit encore ces archives. Les personnes qui racontent leurs rêves prémonitoires décrivent la manière dont ceux-ci sont traduits à la réalité. Quand l'événement prend place, même d'infimes détails des rêves sont reproduits.

Il semble que la plupart des rêves prémonitoires signalent des événements néfastes, un proche qui souffre, une mort annoncée. On peut aussi avoir des rêves prémonitoires sur des expériences heureuses, mais apparemment on ne fait pas autant attention à eux qu'aux rêves perturbants, dont on se souvient mieux. Parfois, un rêve semble avoir peu de sens sur le moment, et c'est seulement plus tard qu'on réalise qu'il s'agissait d'une prémonition. Par exemple, avant les attaques terroristes du World Trade Center et du Pentagone le 11 septembre 2001, beaucoup de gens du monde entier avaient fait des rêves étranges ou eu des hallucinations à l'état de veille où des flammes et de la fumée sortaient des immeubles de grande taille. La signification plénière de ces rêves prémonitoires a été comprise uniquement après les attaques.

Parfois, les rêves prémonitoires prédisent des événements se produisant quelques heures ou jours après. D'autres fois, l'événement intervient des années après le rêve.

Beaucoup de gens ont raconté leurs rêves prémonitoires sur la destruction du World Trade Center. Le Tribute in Light *commémore l'attaque.*

Obtenir davantage de ses rêves

Les rêves peuvent s'avérer une riche source d'informations sur ce qui se passe dans la vie. Ils reflètent les anxiétés et les problèmes, et offrent parfois des solutions. Si on sait les interpréter, on peut extraire les messages qu'ils véhiculent. Tirer la leçon des rêves est un élément important du développement psychique.

Le fait de noter vos rêves apprendra à votre inconscient à s'en souvenir en détail.

SE SOUVENIR DES RÊVES

Bien que tout le monde rêve, tous les gens ne se souviennent pas du contenu des rêves. Il est toutefois facile d'y remédier avec de la pratique et de la patience. Si vos rêves sont fugaces, entraînez-vous à vous les rappeler en détail. La meilleure façon est de tenir un journal des rêves où les noter tous les matins. Au début, vous conserverez

Capturer vos rêves

Si vos rêves s'estompent rapidement, voici quelques astuces pour améliorer votre capacité à vous en souvenir :

- Gardez un bloc-notes ou le journal des rêves, ainsi qu'un crayon ou un stylo, près du lit, à portée de main.
- Assurez-vous de pouvoir allumer une lampe de chevet, pour noter un rêve au milieu de la nuit.
- Quand vous vous éveillez d'un rêve, restez sans bouger et sans parler, dans la position dans laquelle vous dormiez. Parcourez mentalement le rêve, puis notez-le immédiatement, avant qu'il s'évanouisse.
- Parfois, un rêve disparaît rapidement, apparemment pour toujours. Pourtant, il peut revenir au cours de la journée – dans ce cas, notez-le tout de suite. Ou vous pouvez vous en souvenir quand vous vous assoupissez le soir. Le fait de le noter enjoint à l'inconscient de se rappeler les rêves.

seulement le vague souvenir d'une émotion particulière ou d'une sensation physique, mais l'acte même de noter vos rêves vous aidera à vous en souvenir avec de plus en plus de détails. Rapidement, vous arriverez à vous rappeler clairement chaque rêve, parfois au point de vous souvenir de trois ou quatre rêves par nuit.

RÊVES LUCIDES

Un rêve lucide est un rêve ordinaire présentant un aspect différent : la personne qui dort sait qu'elle rêve et peut modifier consciemment le déroulement du rêve. C'est particulièrement utile en cas de cauchemar récurrent, car l'individu entraînera progressivement son cerveau à modifier le rêve et donc à changer ses caractéristiques. Le rêve lucide présente en outre le bénéfice de permettre au rêveur d'affronter ce qui l'effraie et, ce faisant, de contrôler ses peurs et de les éliminer.

Les rêves lucides sont depuis longtemps objet d'études méticuleuses. Au XIXe siècle, le marquis d'Hervey de Saint-Denys était l'un des pionniers du rêve lucide. Plus récemment, les rêves lucides ont été étudiés parmi d'autres par Stephen LaBerge et Lynne Levitan du Lucidity Institute de Californie (États-Unis). Fondé en 1987 par le Dr LaBerge, il organise des ateliers sur le rêve lucide.

Tout comme on peut s'entraîner au rappel des rêves ordinaires, on peut s'entraîner à rêver de manière lucide. La technique la plus connue enjoint de croire à la possibilité du rêve lucide. Si inconsciemment on est persuadé de ne pas en être capable, cela restera ainsi. Il est utile de reconnaître les « signes oniriques » – les faits disant à la personne qui rêve qu'elle dort réellement. Ceux-ci vont de la réalisation d'être dans un corps étranger à l'idée qu'on fait une expérience impossible à l'état de veille.

Certains affirment avoir fait plus de rêves lucides pendant une sieste que durant une nuit entière de sommeil. La manière la plus productive d'induire un rêve lucide est de se réveiller 90 minutes plus tôt que d'habitude, rester éveillé 90 autres minutes, puis se rendormir.

On pense que les rêves lucides sont plus susceptibles de survenir le matin.

Énergie subtile

Le système énergétique subtil du corps

Au premier coup d'œil, on a l'impression que les êtres humains n'ont qu'un seul corps, le corps physique. La peau, les os, les muscles, les organes et les autres tissus lui permettent de fonctionner et de rester en bonne santé.

Toutefois, un système énergétique subtil formé de sept strates distinctes entoure et pénètre le corps physique. C'est l'aura (voir aussi pages 82 et 83), enveloppe d'énergie subtile de forme ovoïde, invisible pour la plupart des gens, qui ne sont donc pas conscients de son existence. L'aura s'étend au-dessus de la tête, au-dessous des pieds, au-delà du dos et de la poitrine. Elle doit rester en bonne santé, tout comme le corps physique.

Le système énergétique subtil du corps est en fait un champ électromagnétique permettant d'entrer en contact avec le plan psychique. Même si la plupart des gens ne réalisent pas sa présence, leur système énergétique subtil se connecte en permanence avec celui des autres, transmettant et recevant des messages complexes.

L'AURA DANS L'HISTOIRE

Bien qu'on associe souvent l'aura aux enseignements New Age, l'humanité la connaît depuis des millénaires, tant en Occident qu'en Orient. Des peintres européens médiévaux, comme Fra Angelico, Giusto de Menabuoi et Giotto, ont peint des scènes religieuses où les hommes et les anges sont entourés d'auras belles et éblouissantes. Ces nimbes se limitent d'habitude à la tête du personnage, alors qu'en réalité l'aura entoure l'ensemble du corps.

L'Europe médiévale n'a contribué en rien à la connaissance de l'aura. Il y a plus de 5 000 ans, les enseignements mystiques indiens mentionnaient le *prana*, la force vitale universelle imprégnant toutes les choses. Les enseignements chinois de la même époque parlaient de *chi*, nom chinois de cette énergie qui pénètre toutes les choses et tout le monde. De nombreuses autres cultures et religions connaissent l'existence de cette énergie universelle.

Cette œuvre de Fra Angelico montre des nimbes très décoratifs.

PHOTOGRAPHIE KIRLIAN

C'est une chose de croire que l'aura existe et une autre de la voir. Au cours du XXe siècle, des hommes de science ont conçu des appareils permettant d'enregistrer l'aura humaine. Le plus célèbre est l'ingénieur russe Semyon Kirlian. La photographie Kirlian capture sur pellicule l'aura, obtenant une image remarquable des éclats de lumière et d'énergie qu'elle émet.

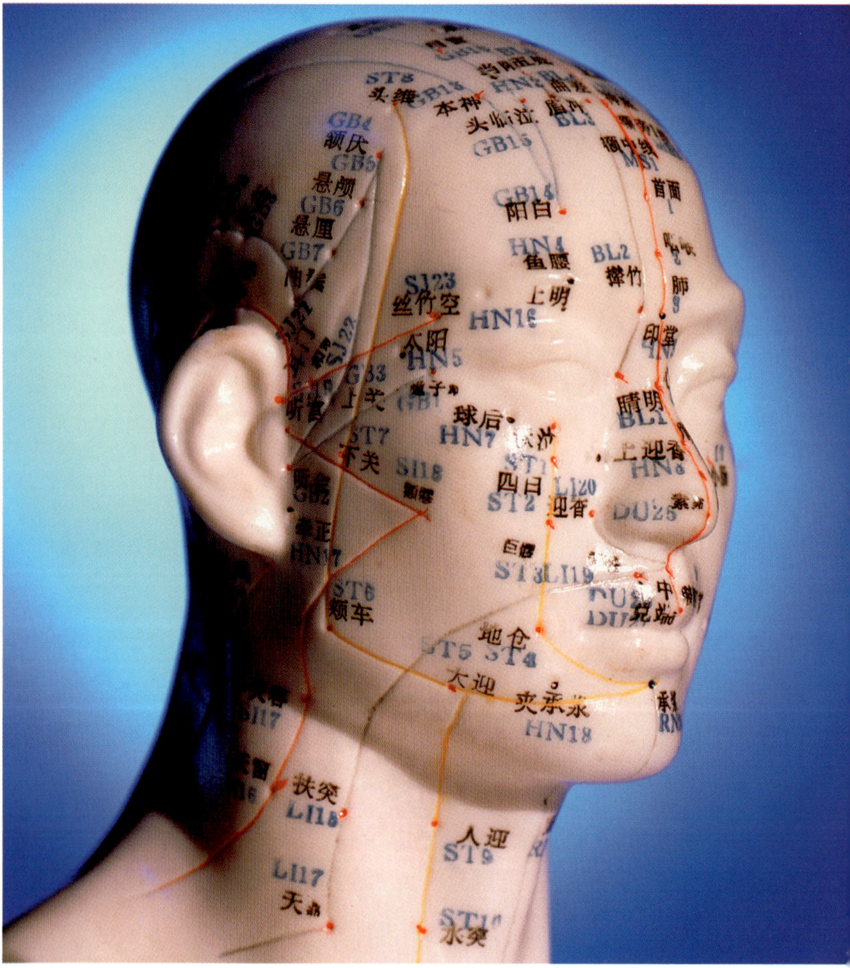
ST8
头维
本神
头临泣
GB15
GB4
颔厌
GB5
悬颅
GB6
悬厘
GB7
GB14
阳白
HN4
鱼腰
BL2
攒竹
上明
SJ23
丝竹空
HN16
太阳
HN5
听宫
球后
HN7
ST7
下关
SI18
四白
ST2
LI20
迎香
上迎香
睛明
BL1
印堂
首面
DU25
ST3
LI19
兑端
ST6
颊车
HN17
地仓
ST5
ST4
大迎
夹承浆
HN18
扶突
LI18
人迎
ST9
LI17
天鼎
水突

Méridiens

Les praticiens de la médecine chinoise affirment que le *chi* (la force vitale) circule dans le corps à travers de minces canaux, les méridiens. Ceux-ci entretiennent les organes du corps. Les méridiens sont importants pour l'acupuncture, qui insère des aiguilles très fines dans des points particuliers de leur trajectoire afin d'atténuer la douleur et de guérir certaines affections.

Bien que la médecine chinoise utilise depuis très longtemps le concept de méridiens chez les hommes et les animaux, la médecine occidentale a encore du mal à accepter l'idée. Toutefois, les études scientifiques ont démontré que les points d'acupuncture comportent plus de nerfs et de vaisseaux sanguins que les tissus voisins.

Désirant déterminer la réalité de l'existence des méridiens, les chercheurs ont injecté des traceurs radioactifs dans des points d'acupuncture chez des hommes et des animaux. Le chercheur coréen Kim Bong Han l'a fait et a été le précurseur de ces expériences dans les années 1960. Les traceurs radioactifs ont révélé chez les lapins de très minces canaux traversant leurs organes et courant sous la peau, identiques à ceux montrés par les dessins chinois anciens des méridiens. Deux décennies plus tard, l'expérience a été répétée sur des hommes par des chercheurs français. Comme chez les lapins, les méridiens correspondaient exactement à ceux présents sur les diagrammes chinois anciens d'acupuncture.

Les chakras

Le système énergétique du corps est plus complexe qu'on l'imagine. En plus des sept strates de l'aura, sept chakras, principaux centres énergétiques, sont disposés sur une ligne verticale montant par le centre du corps depuis la base du tronc jusqu'au sommet de la tête. Au premier abord, ce concept est difficile à saisir, car les chakras n'ont pas de manifestation physique. Permettant au corps de se régler lui-même et de fonctionner efficacement, ils existent sur un plan énergétique. Par ailleurs, 21 chakras secondaires ont été identifiés, surtout sur le tronc, mais également sur les mains (particulièrement importantes pour la pratique des techniques de guérison), sur la tête, sur les genoux, sur les pieds et au-delà du corps (voir pages 80 et 81). D'autres restent à découvrir.

Le nom *chakra,* « roue » en sanskrit, leur a été attribué en raison de leur aspect de roues tourbillonnantes d'énergie, visible aux clairvoyants. Lorsqu'un chakra tourne parfaitement,

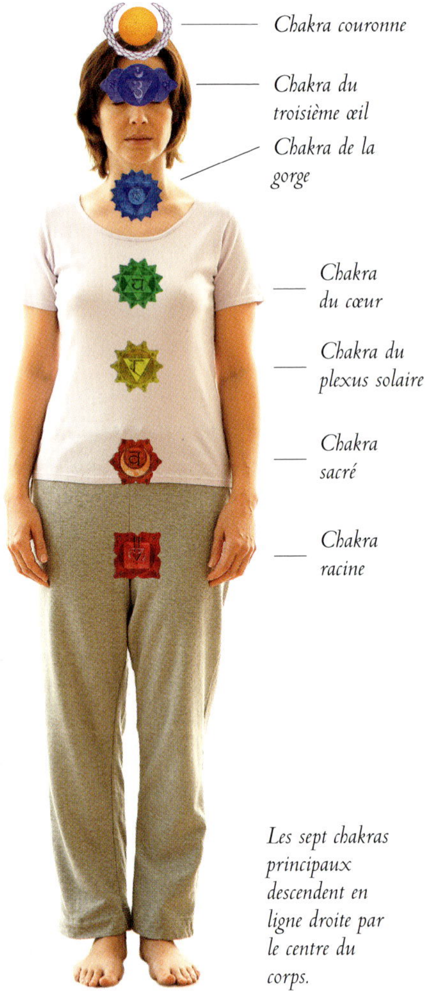

Les sept chakras principaux descendent en ligne droite par le centre du corps.

sans se déformer ou ralentir, il fonctionne correctement et ne causera pas des problèmes physiques, émotionnels ou mentaux. Toutefois, des troubles se manifesteront si le chakra fonctionne mal, quelle qu'en soit la raison.

QUE SONT LES CHAKRAS ?

L'aura renferme un réseau de conduits infimes, les *nadis*. Les chakras sont les jonctions ou plusieurs de ces conduits énergétiques se rencontrent. Les chakras principaux sont situés aux sept points où convergent le plus de conduits. Chacun est associé à des parties spécifiques du corps, à une période de développement physique et à une couleur. Les chakras secondaires se trouvent aux 21 points où se rencontrent un nombre plus réduit de nadis et coïncident avec des zones du corps riches en terminaisons nerveuses.

QUEL EST LE RÔLE DES CHAKRAS ?

Chaque chakra régit une région spécifique du corps, ainsi que les émotions, le cadre mental et l'objectif spirituel lui correspondant. Par exemple, si une personne a le « cœur brisé » par l'amour, son chakra du cœur a besoin d'attention. Les chakras permettent aussi à l'individu de se servir de ses dons paranormaux et de se connecter à autrui sur le plan psychique. En administrant un traitement, les guérisseurs font appel à leurs chakras du cœur, du plexus solaire et des mains.

La position des mains de cette femme apporte de l'énergie à son chakra sacré.

Le chakra racine

Le premier chakra est situé à la base du tronc, au périnée (l'espace entre les organes génitaux et l'anus). Comme on peut s'y attendre, le chakra racine a une nature très matérielle et terre-à-terre. Le plus dense des sept chakras, il vibre le plus lentement en raison de sa très forte connexion avec le corps physique.

FONCTIONS DE CE CHAKRA

Parmi les fonctions les plus importantes du chakra racine on trouve l'ancrage et la stabilisation. Sans cette connexion essentielle avec la terre, l'individu sera détaché de son environnement et émotionnellement à la dérive. Il connaîtra probablement des problèmes financiers, car il est séparé du monde matériel qui l'entoure. De même, une personne dominée par le chakra racine est d'habitude très matérialiste, ouvertement portée sur la sexualité, très peu imaginative et créative.

Une fonction essentielle de ce chakra est la montée de l'énergie vers les autres chakras. Si le chakra racine ne

Le chakra racine (muladhara) *régit la capacité d'être ancré dans la réalité.*

fonctionne pas correctement, est sous-développé ou bloqué, le chakra sacré, son plus proche voisin, fonctionnera lui aussi mal, car il ne recevra pas assez d'énergie.

Très actif en cas de danger, le chakra racine est lié à la survie physique. Si le chakra racine a des problèmes, la personne sera hantée par des peurs concernant sa survie. Elle aura du mal à prendre soin d'elle-même, physiquement et émotionnellement, spécialement si ses attaches infantiles avec sa mère étaient faibles. Le soin de soi est connecté au chakra racine.

Le chakra racine d'un coup d'œil

Emplacement dans le corps	Périnée
Zones du corps affectées par ce chakra	Os, muscles, dents, peau, base de la colonne vertébrale, moelle osseuse, reins, rectum, intestin, jambes, pieds
Système endocrinien	Glandes surrénales
Époque du développement	Entre la naissance et l'âge de 5 ans
Couleur	Rouge

Le chakra sacré

En montant sur le corps, on arrive au chakra sacré, positionné exactement à deux doigts de largeur au-dessous du nombril. Sa vibration est plus rapide que celle du chakra racine, mais il est néanmoins l'un des trois chakras associés à la présence physique (les deux autres étant le chakra racine et le chakra du plexus solaire).

FONCTIONS DE CE CHAKRA

Le chakra sacré est surtout lié à la créativité sous toutes ses formes. Régissant la capacité de se reproduire, il est étroitement rattaché à la conception et à la naissance, de même qu'à la faculté créative de l'imagination. Tous les types et les expressions de la créativité, comme l'écriture ou la peinture, sont gouvernés par le chakra sacré de concert avec le chakra de la gorge (voir pages 74 et 75).

Les blocages du chakra sacré se manifestent sur le plan physique en tant que troubles du système reproducteur, comme dérèglements menstruels ou

Le chakra sacré (svadhisthara) *gouverne toutes les formes de créativité.*

infertilité, problèmes sexuels (frigidité ou nymphomanie). Les affections urinaires et rénales sont elles aussi provoquées par un mauvais fonctionnement du chakra sacré. Très souvent, ce genre de difficultés est accompagné d'une faiblesse du chakra de la gorge.

Un autre facteur se rapportant à ce chakra est l'attitude envers le changement et le mouvement, réel ou métaphorique. Un chakra bloqué ou faible suscitera une opposition rigide au changement, un désir de s'accrocher à tout prix au statu quo, provoquant par ailleurs un raidissement du corps au niveau du dos et des hanches.

Le chakra sacré d'un coup d'œil

Emplacement dans le corps	Au-dessous du nombril
Zones du corps affectées par le chakra	Système urinaire et reproducteur, bas du dos
Système endocrinien	Gonades
Époque du développement	Entre 3 et 8 ans
Couleur	Orange

Le chakra du plexus solaire

Ce troisième chakra, le dernier entièrement connecté au moi physique, vibre à une vitesse supérieure à celle des deux chakras précédents. Il est situé sur le haut de l'abdomen, sous le sternum.

Beaucoup de gens se rendent compte de la présence du chakra du plexus solaire, même s'ils ne connaissent pas son nom, car celui-ci réagit très vivement aux stimuli émotionnels. C'est là que sont emmagasinées les émotions, si bien qu'on y ressent le trac ou l'estomac noué en cas de choc.

FONCTIONS DE CE CHAKRA

Ce chakra est associé à la volonté, à la motivation et au dynamisme. C'est là qu'on se rend compte de son pouvoir (ou de l'absence de celui-ci), qu'on se sent libre d'être soi-même ou qu'on a l'impression que son individualité est bloquée pour une raison quelconque. Le chakra du plexus solaire gère la capacité de tenir ferme face à l'adversité, la

Le chakra du plexus solaire (manipura) *emmagasine les émotions.*

faiblesse qui fait abandonner ou la faculté de dominer les autres en abusant de son pouvoir. Le mauvais fonctionnement du chakra du plexus solaire empêche d'affronter les défis de la vie. L'individu risque de partir à la dérive, permettant à autrui de prendre des décisions pour lui ou prenant rarement l'initiative. Puisque le chakra du plexus solaire emmagasine toutes les émotions, on trouvera là de nombreuses émotions nuisibles dont il faut se débarrasser. Sinon, l'amertume, le ressentiment, la fureur datant de l'enfance, les sentiments d'inadaptation et l'arrogance gardés ici finiront par provoquer des problèmes physiques dans les zones du corps régies par ce chakra.

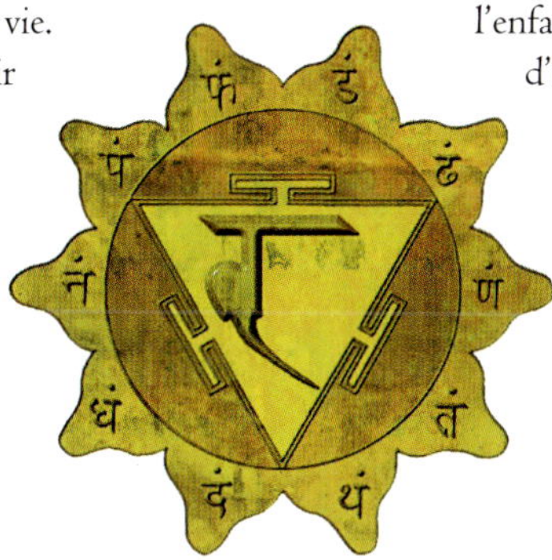

Le chakra du plexus solaire d'un coup d'œil

Emplacement dans le corps	Sous le sternum
Zones du corps affectées par le chakra	Estomac, foie, vésicule biliaire
Système endocrinien	Pancréas
Époque du développement	Entre 8 et 12 ans
Couleur	Jaune

Le chakra du cœur

Ce chakra du centre du corps offre le lien essentiel entre les qualités humaines (régies par les chakras racine, sacré et du plexus solaire) et les qualités divines (régies par les chakras de la gorge, du troisième œil et couronne). Situé au centre de la poitrine, un peu à droite du cœur, ce chakra présente deux couleurs, le rose et le vert, ce dernier étant prédominant.

FONCTIONS DE CE CHAKRA

Le chakra du cœur régit la capacité d'aimer autrui de la manière la plus pure et compatissante possible. C'est le chakra de l'amour inconditionnel et de l'amour pour l'ensemble de l'univers plutôt que pour une personne en particulier. Quand les gens « parlent du fond du cœur », ils agissent à travers ce chakra.

Lorsqu'il fonctionne correctement, la personne est chaleureuse, compatissante et compréhensive. Elle sera attirée par la guérison ou une autre forme de vocation profitable à l'humanité. Tout chakra peut être ouvert et clos en fonction des circonstances. Si le chakra du cœur est

Le chakra du cœur (anahata) *est le point à partir duquel on délivre l'amour inconditionnel.*

ouvert en permanence, un épuisement émotionnel s'installera, car l'individu sera incapable de bloquer ses émotions et sera donc en permanence « à la disposition » des autres. Par contre, si le chakra du cœur ne s'ouvre pas bien, l'individu aura du mal à pardonner aux autres et à offrir un amour inconditionnel. Le chagrin ou l'amertume le porteront à cacher son affection pour autrui.

Les blocages et les autres problèmes du chakra du cœur peuvent déboucher sur des difficultés respiratoires comme l'asthme et l'emphysème, une mauvaise circulation sanguine et des troubles cardiaques.

Le chakra du cœur d'un coup d'œil

Emplacement dans le corps	Centre de la poitrine
Zones du corps affectées par le chakra	Cœur, poumons, système immunitaire, système circulatoire, nerf vague
Système endocrinien	Thymus
Époque du développement	Entre 12 et 16 ans
Couleurs	Vert et rose

Le chakra de la gorge

Le chakra de la gorge (vishuddha) *gouverne la capacité d'exprimer ses pensées.*

Comme son nom le suggère, le chakra de la gorge régit la communication et l'expression personnelle sous toutes leurs formes, autrement dit, la capacité (ou son absence) de dire le fond de sa pensée et d'être totalement honnête avec soi-même et avec les autres. Ce chakra se développe à la fin de l'adolescence, période où on apprend d'habitude à se différencier de ses parents et à exposer ses propres idées sur la vie.

FONCTIONS DE CE CHAKRA

Si on n'arrive pas à communiquer avec les autres, on a l'impression que la vie est dépourvue d'un aspect très important. Cette incapacité à parler peut avoir d'innombrables raisons émotionnelles, comme la crainte de se voir critiquer si on parle franchement ou de voir ses idées tournées en ridicule. On peut aussi être certain du pouvoir destructeur de ses paroles si on ne déguise pas sa pensée. Il se peut aussi que l'individu ait grandi dans une famille où on n'était pas direct par une sorte d'entente tacite afin d'éviter les offenses et où chacun recourait à des euphémismes. Toutes ces situations évoquent le chakra de la gorge.

À l'opposé, un chakra de la gorge surdéveloppé peut déboucher sur un bavardage incessant et futile. Dans ce cas, l'individu tente de couvrir le silence avec des mots, peut-être parce qu'il est effrayé par ce qui risque de se passer s'il se permet de réfléchir.

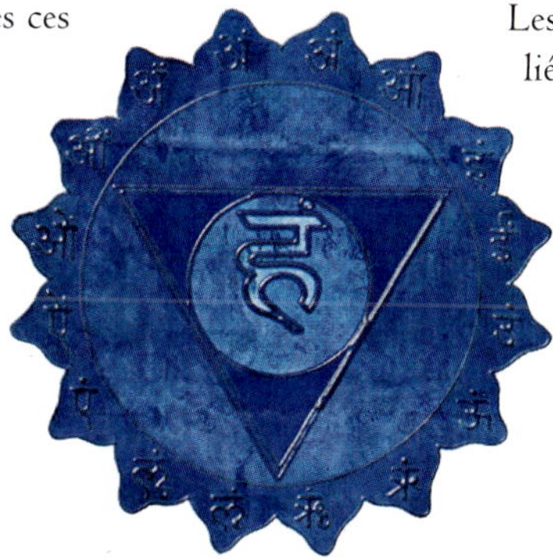

Les problèmes physiques liés au mauvais fonctionnement du chakra de la gorge incluent le mal de gorge, l'enrouement, l'hyperthyroïdie ou l'hypothyroïdie.

Le chakra de la gorge d'un coup d'œil

Emplacement dans le corps	Cou
Zone du corps affectée par le chakra	Larynx
Systèmes glandulaires	Thyroïde et parathyroïde
Époque du développement	Entre 16 et 21 ans
Couleur	Bleu pâle à bleu clair

Le chakra du troisième œil

Le chakra du troisième œil est situé entre les sourcils. Il offre une vision intérieure mettant en contact avec l'intuition et les esprits guides personnels. Ce chakra s'ouvre durant les méditations créatives et dirigées, offrant des aperçus d'autres mondes et d'autres domaines d'existence. Tout comme le chakra de la gorge et le chakra couronne, le chakra du troisième œil est l'un des trois chakras liant au Divin et à la vie spirituelle.

FONCTIONS DE CE CHAKRA

Le chakra du troisième œil régit la vision sous toutes ses formes, physique, intuitive, psychique ou créative. Le mauvais fonctionnement de ce chakra peut mener à l'incapacité de se connecter à son intuition, si bien qu'on se sent privé de direction intérieure. L'individu écartera ses idées créatives en les tenant pour des folies, indignes d'être poursuivies, ou même les effacera dès leur apparition, parfaitement

Le chakra du troisième œil (ajna) *gouverne l'intuition et la sagesse intérieure.*

convaincu de leur manque de valeur. Autrement dit, l'individu aura du mal à entrer en contact avec ses anges gardiens et sera donc déconnecté d'une importante source de direction et d'amour. Un effet physique peut se manifester : mauvaise vue, fatigue oculaire fréquente, maux de tête, migraines.

L'individu se réfugie dans la logique et la rationalité, au point que tout ce qui n'entre pas dans ces catégories est considéré comme stupide ou insensé. Lorsque ce chakra est surdéveloppé, certains trouveront difficile de se connecter à la vie ordinaire, car métaphoriquement leur tête est dans les nuages.

Le chakra du troisième œil

Emplacement dans le corps	Entre les sourcils
Zones du corps affectées par le chakra	Partie inférieure du cerveau, vision, système nerveux, oreilles, nez et gorge
Système endocrinien	Épiphyse
Époque du développement	D'habitude, entre 21 et 26 ans
Couleurs	Indigo foncé et pourpre

Le chakra couronne

Situé au sommet de la tête, le chakra couronne est extrêmement sensible. Même si on a du mal à percevoir les autres chakras, on sentira à coup sûr celui-ci. Si une personne s'approche trop, un picotement du cuir chevelu ou une oppression dans la tête le signalera. Ce septième chakra relie directement au Divin, quelle que soit la forme sous laquelle celui-ci est perçu.

FONCTIONS DE CE CHAKRA

Le chakra couronne est le portail vers les domaines supérieurs, demeures des âmes sœurs spirituelles (voir pages 282 à 313), des esprits guides ou de Dieu. Lorsqu'on pratique la guérison ou le channelling, on se connecte consciemment au Divin à travers ce chakra. Le même phénomène prend place lors de la prière, mais inconsciemment. Néanmoins, quand cette connexion divine n'existe pas ou est faible, l'individu est perturbé par

Le chakra couronne (sahasrara) *permet de se lier au Divin.*

l'idée que Dieu a pu le laisser tomber ou que Dieu n'existe pas.

Le chakra couronne affecte la santé cérébrale. Quand il est affaibli ou fermé, l'individu connaîtra la dépression et le désespoir. Des troubles neurologiques cérébraux peuvent aussi apparaître, comme l'épilepsie ou les maladies mentales.

Tout comme le chakra racine (voir pages 66 et 67) est connecté à la mère, le chakra couronne est connecté au père. Une relation difficile avec le père, peut-être absent ou dominateur, peut provoquer la fermeture de ce chakra. Si le chakra couronne fonctionne mal, des problèmes d'acceptation de l'autorité d'autrui sont susceptibles de se manifester.

Le chakra couronne d'un coup d'œil

Emplacement dans le corps	Sommet de la tête
Zone du corps affectée par le chakra	Partie supérieure du cerveau
Système endocrinien	Hypophyse
Époque du développement	Après 26 ans
Couleurs	Violet et blanc

Les chakras supérieurs

En plus des sept chakras situés sur le corps même, on considère actuellement que plusieurs autres chakras existent, dont le nombre précis fait encore objet de débat. Dans certains cas, la confusion règne quant à leur emplacement dans l'aura. On les appelle « chakras supérieurs » en raison de leur lien avec les objectifs élevés et le Moi supérieur ou, parfois, « chakras New Age », pour les distinguer du système traditionnel des sept chakras.

À l'occasion, on se réfère aux chakras du cœur, de la gorge, du troisième œil et couronne par le terme « chakras supérieurs » dû à leur position physique dans l'aura. Dans le contexte de ce lieu, cette désignation concerne uniquement les nouveaux chakras décrits aux pages suivantes.

LE CHAKRA TRANSPERSONNEL

Situé au-dessus de la tête, sur l'aura (voir pages 82 et 83), sans lien apparent avec le

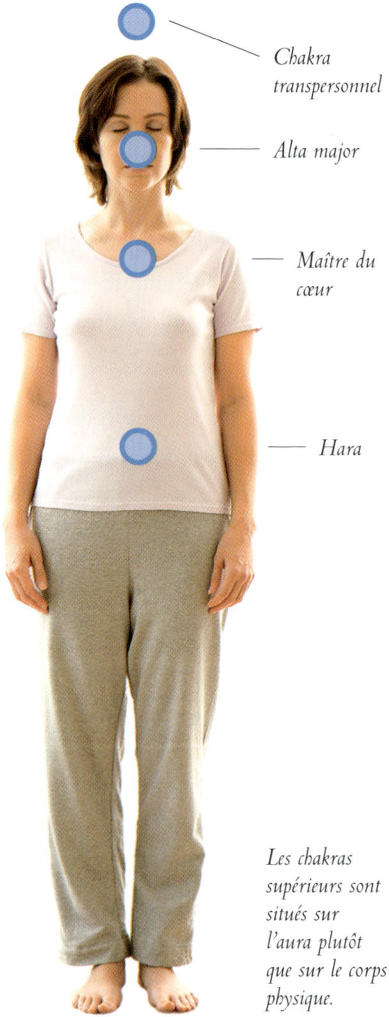

Les chakras supérieurs sont situés sur l'aura plutôt que sur le corps physique.

corps physique, on pense que ce chakra est l'attache entre l'ego (mental conscient) et le Moi supérieur. Lorsqu'on se connecte au chakra transpersonnel, on aura de la vie une perspective moins partiale et plus objective.

Par exemple, ce point permet de se faire une idée des leçons de l'âme tirées des situations difficiles dans lesquelles on se retrouve parfois. L'activation de ce chakra par la méditation offre à l'individu une meilleure vision globale de sa vie et de l'objectif de son incarnation actuelle.

LE CHAKRA HARA

Bien que l'emplacement proche du nombril de ce chakra suggère qu'il pénètre en quelque sorte le corps physique comme le font les sept chakras principaux, il n'existe que dans l'aura. Ce tourbillon d'énergie est situé sur l'aura, entre le chakra sacré et le chakra du plexus solaire. Le hara est présent chez tous les gens, sans être forcément actif.

Les guérisseurs qui travaillent avec leur hara perçoivent une énergie curative qui leur paraît souvent plus puissante que celle ressentie quand ils travaillent avec le chakra du cœur.

LE CHAKRA ALTA MAJOR

Ce chakra, situé sur la nuque, est connecté au cortex cérébral et se manifeste sur le visage, au voisinage du nez. Favorisant la connexion avec les instincts et l'intuition, il faut l'activer si l'on désire effectuer un travail psychique.

LE CHAKRA DU MAÎTRE DU CŒUR

Situé sur l'aura entre les chakras du cœur et de la gorge, ce chakra supérieur est appelé aussi « siège de l'âme » et chakra « du thymus ». Le chakra du maître du cœur aide à activer la conscience supérieure et gouverne les intentions. Celles-ci vont du chakra du cœur au chakra de la gorge, à travers le chakra du maître du cœur, où elles sont transformées en action. Ce chakra peut être bloqué par les émotions refoulées.

L'aura

L'aura est l'enveloppe d'énergie subtile entourant toute chose animée et inanimée de la planète. Les êtres humains ne peuvent littéralement pas exister sans leur aura, extension énergétique du corps. Ce champ énergétique, formé d'une énergie électromagnétique très subtile, facilement visible aux clairvoyants renferme un énorme volume d'informations sur la personne. Il est possible de s'entraîner à voir l'aura (voir pages 84 et 85).

LES STRATES DE L'AURA

Au début, avant d'avoir appris à distinguer parfaitement l'aura, on discerne uniquement une mince strate bleutée d'énergie entourant le corps. On débat encore du nombre de strates de l'aura humaine, mais on s'accorde d'habitude à considérer qu'il y en a sept. Chaque strate a une énergie plus subtile et vibre à fréquence plus élevée que la précédente. La strate la plus dense de l'aura, le corps éthérique, est la plus proche du corps physique, alors que la strate la plus fine, le patron kéthérique, est la plus éloignée de celui-ci. Bien que les strates puissent paraître distinctes les unes des autres, chacune est superposée sur celle au-dessous d'elle.

S'ACCORDER À L'AURA

En s'entraînant à devenir sensible au champ électromagnétique, on peut se rendre compte de toute intrusion. Lors du travail psychique, qui impose de s'accorder sans cesse à son aura pour acquérir des impressions et des sensations à propos de ce qui se passe autour de soi, cette capacité est essentielle.

Bien qu'on puisse imaginer que le corps physique influence l'aura, en fait c'est le contraire. Les clairvoyants ayant observé des fœtus humains en train de se développer dans le ventre de leur mère ont affirmé que les strates de l'aura se forment en premier, créant ainsi le modèle que copieront les cellules physiques. De même, toute affection ou maladie apparaît d'abord dans l'aura en tant que blocage de l'énergie mentale ou émotionnelle. Si on n'arrive pas à éliminer ces blocages, ils finiront par affecter le corps physique.

L'aura est composée de sept strates. Le plus dense est le corps éthérique, le plus proche du corps physique.

Comment voir et percevoir l'aura

Si vous ne percevez ni ne voyez votre aura, il est facile d'apprendre à le faire. Les personnes ayant le don de clairvoyance voient naturellement l'aura, sans aucun effort. Les autres doivent s'entraîner à ce faire, processus plus facile qu'on l'imagine.

APPRENDRE À VOIR L'AURA

Commencez par regarder l'aura autour de vos mains, puis passez à d'autres parties du corps. Au début, vous verrez seulement le corps éthérique, la strate la plus proche du corps physique. Avec de la pratique vous distinguerez d'autres strates.

1 Asseyez-vous sur une chaise confortable, face à un mur blanc, à l'abri du soleil, ou loin de tout éclairage artificiel. Ancrez-vous et équilibrez-vous (voir pages 24 et 25).

2 Tendez le bras droit, dos de la main vers vous. Regardez l'espace entre vos doigts écartés et le mur, sans rien fixer. Vos yeux se relaxent.

3 Vous commencerez à distinguer autour de vos doigts un contour flou grisâtre. C'est votre aura. Continuez à regarder l'espace entre vos doigts et le mur. Le pourtour changera peu à peu de couleur et prendra d'habitude une teinte bleue.

VOIR L'AURA AUTOUR DE LA TÊTE

Quand vous distinguez l'aura autour de vos mains, dirigez votre attention vers celle entourant votre tête.

1 Tenez-vous devant un miroir, dos à un mur blanc. Ancrez-vous et équilibrez-vous, comme précédemment.

2 Regardez l'espace au-dessus de votre tête, en laissant vos yeux se relaxer. Assez vite, vous distinguerez un contour flou gris ou blanc autour de votre tête, qui se teintera ensuite de bleu. C'est votre corps éthérique.

PERCEVOIR L'AURA

Vous pouvez aussi percevoir l'aura avec vos mains, expérience drôle dont les résultats rapides sont encourageants. Cet exercice prépare à l'administration d'une guérison (voir pages 124 à 155).

1 Réservez-vous un peu de temps où vous ne serez pas dérangé, puis ancrez-vous et équilibrez-vous, comme précédemment.

2 Rapprochez vos mains, mais sans qu'elles se touchent. Écartez les paumes, puis rapprochez-les de nouveau, en observant en permanence la sensation suscitée par l'énergie entre elles. Continuez ainsi, en les écartant un peu plus à chaque fois.

3 Vous remarquerez une sensation dans vos mains, un picotement ou une chaleur. Vous percevrez par ailleurs une énergie apparemment élastique s'accumuler dans l'espace entre vos mains. À mesure que vous rapprochez vos mains, vous sentirez une légère résistance entre elles, votre aura !

PERCEVOIR VOS CHAKRAS

Après avoir appris à percevoir votre aura, passez à la perception de vos chakras. Le processus est exactement le même, seule la sensation ressentie sera différente.

1 Réservez-vous un peu de temps de solitude, puis ancrez-vous et équilibrez-vous, comme précédemment.

2 Choisissez un chakra particulier, comme le chakra du plexus solaire (voir pages 70 et 71) ou le chakra du cœur (voir pages 72 et 73).

3 Tenez votre main à environ 30 cm devant la zone concernée de votre corps, puis déplacez-la doucement en arrière et en avant pour percevoir le bord de votre aura. Rapprochez ensuite en douceur votre main du corps jusqu'à ce qu'elle rencontre une certaine résistance – vous êtes entré en contact avec l'énergie du chakra.

4 Notez à quel point l'énergie du chakra semble différente de celle de l'aura. Par exemple, l'aura entourant le chakra paraît dense en comparaison de certaines autres de ses parties apparemment plus clairsemées. Lorsque vous appuyez sur l'énergie du chakra, vous éprouverez une pression dans le corps.

Formes et couleurs de l'aura

L'aura n'est pas une enveloppe amorphe. Dans le meilleur des cas, elle a une forme ovoïde, bien équilibrée. Elle s'étend à quelques centimètres au-dessus de la tête et au-dessous des pieds, englobant complètement le corps dans un bouclier protecteur.

L'aura n'est pas toujours parfaite. Une aura peut ne plus être alignée, présenter un côté plus mince que l'autre, rétrécir au point de ne plus passer au-dessous des pieds mais s'arrêter au niveau des genoux. Sa couleur varie aussi, selon l'état d'esprit de la personne et sa santé, bien qu'une teinte soit toujours prédominante. Il n'y a pas de couleur idéale pour l'aura, car chaque nuance reflète un type de personnalité et une manière de regarder le monde.

S'ACCORDER À DES COULEURS DIFFÉRENTES

En devenant plus sensible, on s'accorde davantage aux couleurs de son environnement. Certains jours, on est attiré vers des couleurs précises et lassé par d'autres. On peut aussi avoir envie d'une couleur spécifique, dans ce cas, la consultation du tableau s'impose pour comprendre cette attirance et en savoir plus sur le chakra concerné. Par exemple, une brusque attirance pour le rouge peut signaler un besoin d'être plus ancré et d'avoir plus d'énergie. On peut exaucer cela en portant des vêtements ou des bijoux de la couleur significative ou en plaçant un vase de fleurs de cette couleur-là sur son bureau ou près de son lit. Parfois, on a envie de nourriture d'une couleur particulière – bananes, poivrons, poires jaunes. Il faut se laisser guider par ses instincts.

Une réflexion sur les couleurs présentes dans la maison est nécessaire. Plus on fait attention à ces couleurs, plus on apprend sur soi-même et sur l'état toujours variable de ses chakras.

Les formes de l'aura

Quand on apprend à voir et à percevoir son aura, on remarque que toutes les auras n'ont pas une forme parfaitement ovoïde. Voici quelques formes de l'aura qu'on peut s'attendre à voir, accompagnées de suggestions quant à leur signification et au traitement éventuel (voir pages 94 et 95 pour les moyens de guérir l'aura).

Forme	Signification	Traitement
Aura de travers	Méfiance, peur, manque de confiance	Arrondissez la partie étroite et réduisez la partie trop grande
Zone aplatie sur le chakra couronne	Dépression	Faites ressortir en douceur la partie bosselée de l'aura
Aura s'arrêtant aux genoux	Manque d'ancrage, peur, manque de connexion à l'environnement et le chakra racine	Tirez l'aura au-dessous des pieds et effectuez l'exercice d'ancrage (voir pages 24 et 25)
Bords déchiquetés de l'aura	Manque de frontières, dommage physique du corps	Lissez les bords déchiquetés

Les couleurs de l'aura

L'aura de chaque personne a une couleur principale, bien que d'autres teintes puissent apparaître et disparaître en fonction de l'état de santé et des émotions. Voici quelques-unes des couleurs dominantes qu'on peut s'attendre à voir dans l'aura d'une personne, accompagnées de brèves descriptions de ce qu'elles évoquent à son propos et des chakras correspondants. Amplifiez ces descriptions grâce à l'intuition.

	Couleur	**Signification**	**Chakra**
	Rouge	Énergie, action, direction, innovation	Racine
	Orange	Optimisme, confiance, chaleur émotionnelle	Sacré
	Jaune	Communication, créativité, agilité mentale, sociabilité	Plexus solaire

	Couleur	**Signification**	**Chakra**
	Vert	Amour, gentillesse, paix, amour de la nature, besoin d'harmonie	Cœur
	Rose	Affection, compassion, forte spiritualité	Cœur
	Bleu	Considération, idéalisme, valeurs éthiques, savoir spirituel	Gorge
	Indigo/ pourpre	Amour, facultés psychiques, intuition, objectif spirituel	Troisième œil
	Blanc	Évolution spirituelle, connexion avec le Divin, humanitarisme	Couronne

Purifier et guérir l'aura

Une fois conscient de l'aura et capable de la percevoir, on doit l'entretenir, la purifier régulièrement, surtout après une expérience difficile, la guérir en cas de problèmes genre points chauds, points froids, déchirures. Tout cela ne prend qu'un instant, alors que la différence sur le plan énergétique sera rapidement perceptible. Ainsi, en se débarrassant des blocages énergétiques de l'aura, les maladies pourront être éliminées du corps avant qu'elles s'installent.

PURIFIER L'AURA

Le meilleur moyen d'empêcher l'accumulation des problèmes dans l'aura est de la purifier tous les jours. La purification est spécialement importante si on travaille avec d'autres personnes ou si on prend tous les jours les transports en commun. Un entretien régulier de l'aura préviendra l'apparition de tout problème grave.

PURIFICATION QUOTIDIENNE

Vous pouvez effectuer cet exercice à chaque fois que vous en sentez le besoin ou lui réserver un moment précis tous les jours.

1 Asseyez-vous confortablement, pieds à plat sur le plancher. Ancrez-vous et équilibrez-vous (voir pages 24 et 25).

2 Imaginez un grand disque d'énergie, bien plus large que votre corps, flottant au-dessus de votre tête. Si cela vous aide, figurez-vous que vous entendez son murmure.

3 Visualisez-le descendre lentement, traversant votre aura et votre corps physique. Au fur et à mesure de sa descente, ce disque collecte toutes les

émotions, pensées et expériences négatives piégées dans l'aura.

4 Imaginez le disque arriver à vos pieds, puis traverser le plancher en emportant avec lui tous les débris énergétiques ramassés. La terre absorbera cette énergie nuisible et la transformera en énergie positive.

5 Répétez l'exercice si vous pensez que c'est nécessaire. Lorsque vous avez fini, restez tranquillement assis quelques instants avant d'étirer vos bras et vos jambes et de revenir totalement dans votre corps.

GUÉRIR L'AURA

Si vous détectez une déchirure ou d'autres perturbations dans votre aura, guérissez-les. Les problèmes susceptibles d'apparaître ont déjà été évoqués, ainsi que la manière de les soigner (voir pages 88 et 89). Voici un autre exercice à effectuer lorsque vous avez l'impression qu'un dérèglement est présent dans votre aura, sans savoir lequel.

1 Asseyez-vous confortablement sur une chaise, pieds sur le sol. Choisissez un moment où vous ne serez pas dérangé. Ancrez-vous et équilibrez-vous, comme précédemment.

2 Fermez les yeux et accordez-vous à votre aura, en acquérant un bon sens de sa présence autour de vous. Imaginez-la s'élargissant dans toutes les directions, au-dessus de votre tête et au-dessous de vos pieds.

3 Demandez que l'énergie curative soit envoyée à toutes les zones de votre aura exigeant de l'aide. Fiez-vous à votre intuition et sachez que la guérison est dirigée vers le secteur concerné. Imaginez qu'une boule de lumière dorée éclatante passe sur la partie endommagée de votre aura, la soignant en douceur. Si l'aura présente des déchirures, visualisez-les reprisées par la lumière dorée.

4 Laissez la lumière dorée passer d'une section de votre aura à la suivante, les guérissant tour à tour. Essayez d'être conscient de ce processus, qui aiguisera votre intuition et vos facultés psychiques. La guérison est achevée quand la lumière dorée ne bouge plus ou disparaît.

5 Remerciez pour la guérison et ancrez-vous de nouveau. Ouvrez lentement les yeux, étirez vos bras et vos jambes pour revenir dans votre corps.

Protection psychique

Qu'est-ce que la protection psychique ?

Tout le monde est plus ou moins sensible à l'ambiance. On peut faire de belles expériences pendant lesquelles on s'imprègne d'une atmosphère joyeuse et d'autres, stressantes, où le contact est désagréable. Parfois, on arrive à se débarrasser sans peine du résidu énergétique, parfois cela s'avère plus difficile. Vous connaissez ce sentiment si vous avez déjà éprouvé une sensation déplaisante après avoir visionné un film ou si vous avez rejoué sans cesse mentalement une conversation pénible. Dans ce genre de cas, le besoin de protection psychique se fait sentir, qui agira comme un imperméable protégeant contre la pluie ou des lunettes contre la lumière aveuglante du soleil.

Le mala bouddhique offre une protection psychique.

DIFFÉRENTES FORMES DE PROTECTION

Il est important de trouver une forme de protection psychique appropriée, facile à activer en cas de besoin. Une protection pratiquée par des millions de gens du monde entier, quelle que soit leur foi, est la prière. Pas besoin d'être pieux : beaucoup de gens qui se considèrent comme des athées s'aperçoivent qu'ils se mettent à prier dans des situations difficiles. On peut prier à haute voix ou en silence, selon les circonstances, réciter une prière familière ou une prière conçue dans l'instant jusqu'à ce que l'on se sente mieux.

On peut par ailleurs arborer un objet protecteur : un symbole religieux ou un cristal (quartz rose, tourmaline noire). Ce chapitre décrit nombre d'autres techniques, dont au moins une convenant à tout un chacun.

Le quartz rose est un choix particulièrement approprié de cristal protecteur.

Le besoin de protection psychique

Imaginons que l'aura est un aimant psychique qui attire les émotions et les pensées, certaines bénéfiques, d'autres nuisibles. L'individu est heureux d'absorber dans son aura les expériences positives, mais a du mal à gérer celles négatives, ce qui se manifeste de bien des façons : mauvais rêves, pensées récurrentes, émotions instables, comportement anormal. Après avoir rencontré un individu qui a besoin d'énormément d'affection ou qui aime contrôler autrui, on a parfois l'impression qu'une chose est restée collée à soi ou qu'on est épuisé.

L'ÉNERGIE DES AUTRES

Si on passe beaucoup de temps avec les autres, de par les contacts professionnels ou d'un emploi dans le tertiaire, on doit se protéger régulièrement d'un point de

On ne doit jamais effectuer un travail psychique sans se protéger d'abord soi-même.

vue psychique. Cela permettra de repousser toute énergie négative environnante, en absorbant en même temps une énergie bénéfique. Quoi qu'on fasse dans la vie quotidienne, la protection psychique est utile. Avec de la pratique, elle deviendra un élément habituel de la routine de tous les jours.

Travail psychique

Il est important de vous protéger dès que vous désirez développer ou utiliser vos facultés paranormales. Les médiums, qui sont capables de contacter facilement le monde des esprits, disposent toujours d'esprits guides agissant en tant que gardiens des portes, qui écartent les esprits inopportuns et indiscrets. Lorsque vous entamez le travail avec vos facultés paranormales, vous devenez votre propre gardien, car vous ne savez pas encore vous accorder à vos esprits guides. Il se peut aussi qu'un esprit malicieux prétende être votre esprit guide, tout comme des gens prétendent être ce qu'ils ne sont pas. Le fait d'être un esprit ne garantit pas automatiquement ses bonnes intentions. Certains esprits sont agréables, d'autres, très déplaisants. Vous devez apprendre à les distinguer, par exemple en leur demandant trois fois s'ils sont envoyés par Dieu. La loi spirituelle leur impose de dire la vérité lors du troisième essai.

Respiration

Avant d'apprendre à se protéger psychiquement, on doit apprendre à contrôler sa respiration. Ainsi, lors d'une situation difficile ou effrayante, on pourra faire appel à la respiration pour garder son calme et se centrer. Ces connaissances contribuent à l'efficacité des techniques de protection psychique. Si l'anxiété ou la tension rendent la respiration haletante, la protection sera moindre.

La plupart des gens respirent superficiellement, se servant seulement du tiers supérieur des poumons. Le sang est donc assez peu oxygéné et l'air usé n'est pas éliminé des poumons comme il le devrait. L'exercice de respiration suivant apporte des bénéfices physiques et psychiques.

RESPIRATION MESURÉE

Exercice très simple, à pratiquer à tout moment et en tout lieu jusqu'à devenir seconde nature. Vous pouvez même le pratiquer en regardant la télé. Particulièrement utile en cas de respiration superficielle, même détendue.

1 Devenez conscient de votre respiration, notez si elle est superficielle ou si vous retenez le souffle.

2 Respirez à fond, puis faites sortir lentement l'air de vos poumons. Laissez l'air entrer de nouveau sans forcer dans les poumons.

3 Faites une brève pause, puis expirez lentement. Réservez la même durée de temps à l'inspiration et à l'expiration, en comptant jusqu'à 5. Établissez un rythme régulier : inspiration en comptant jusqu'à 5, pause en comptant jusqu'à 2, expiration en comptant jusqu'à 5, nouvelle pause en comptant jusqu'à 2 avant de recommencer une fois de plus le cycle.

4 En respirant de cette manière, sentez la tension quitter votre corps et votre cœur battre plus lentement. Savourez cette sensation de calme et de tranquillité.

Exercices de protection psychique

De nombreux moyens de protection psychique existent. Effectuez tour à tour les exercices des pages suivantes afin de trouver ceux qui vous conviennent le mieux. Vous pouvez les adapter à votre manière, en vous rappelant toujours qu'il faut garder une attitude calme et affectueuse. Si la protection fait appel à

LA BOULE PSYCHIQUE

Technique très répandue en raison de sa simplicité et de son efficacité. Essayez de la pratiquer régulièrement (de préférence, tous les jours), pour que la boule psychique devienne de plus en plus forte et offre une protection plus considérable en cas de besoin. Dans l'idéal, vous devez former la boule psychique avant d'entamer la journée au lieu de la réaliser précipitamment lorsque vous réalisez qu'elle est nécessaire.

1 Respirez lentement et régulièrement, puis ancrez-vous et équilibrez-vous (voir pages 24 et 25).

2 Imaginez que vous êtes entouré d'une boule d'énergie psychique qui vous protège des influences négatives, tout en permettant aux émotions positives de circuler entre vous et les autres.

3 Assurez-vous que la boule s'étend au-dessus de votre tête et au-dessous de

une technique agressive, cela risque de susciter encore plus d'agressivité chez les autres. Les semblables s'attirent.

PROTÉGER SES BIENS

Il y a des méthodes simples permettant de protéger ses biens des cambrioleurs ou des influences nuisibles. Par exemple, on imagine l'objet – maison ou voiture –, complètement entouré d'une grande boule (voir ci-dessous) dont on vérifiera mentalement l'intégrité au cours de la journée.

On peut aussi recourir à des gardiens psychiques pour préserver ses biens. Le choix des gardiens varie en fonction des

vos pieds. Visualisez-la élastique, capable de se rétrécir en cas de besoin ou de se dilater quand vous vous sentez en sécurité.

4 Visualisez la couleur de votre boule psychique. Dans des situations ordinaires, imaginez-la tissée de lumière blanche ou dorée. Dans des situations plus stressantes, où il vous faut une protection accrue, imaginez que la boule est formée de sept strates, chacune d'une couleur différente.

Demandez l'aide angélique si vous vous inquiétez de la sécurité de votre maison.

circonstances. Par exemple, appelez des fées pour prendre soin des plantes du jardin si celles-ci risquent d'être endommagées ou volées, des gardiens animaux pour veiller sur les animaux de compagnie. On peut aussi se constituer un réseau d'anges, qui aideront grandement. Même si ces êtres célestes ne semblent pas assez solides pour protéger une maison contre les cambrioleurs, ils peuvent gérer toutes les éventualités. On peut aussi invoquer des gardiens plus intimidants pour la protection d'une voiture garée dans un parking inconnu. Chaque nuit, avant de s'endormir, on peut demander aux anges de veiller sur la maison et la famille. Lors de chaque sortie, faites en sorte que la maison soit entourée de gardiens qui éloignent les visiteurs indésirables.

FAIRE APPEL À DES GARDIENS PSYCHIQUES

1 Respirez lentement et calmement pour vous centrer, puis ancrez-vous et équilibrez-vous, comme précédemment.

2 Demandez l'arrivée de gardiens psychiques qui protégeront ce qui vous tient à cœur. Visualisez-les prendre position. Sachez qu'ils sont là. Remerciez-les pour leur aide.

3 Lorsque vous n'avez plus besoin d'eux, remerciez-les une fois de plus et dites-leur qu'ils sont libres de partir.

Le miroir psychique

Il y a des moments où on a besoin d'un plus de protection contre les énergies des autres gens. Un moyen très efficace est de placer mentalement un miroir entre soi et la personne concernée. Le miroir lui renverra son comportement, le repoussant ainsi loin de soi-même.

LA PROTECTION DE L'AMOUR

La protection du miroir psychique (voir page 107) est très efficace, bien qu'elle puisse sembler quelque peu agressive. On sait instinctivement que pour ne pas aggraver une situation déjà difficile mieux vaut envoyer de l'amour à la personne concernée au lieu de lui renvoyer sa propre énergie. L'exercice suivant rappelle que l'amour est la force la plus puissante de l'univers.

1 Trouvez un moment où vous ne serez pas dérangé. Ancrez-vous et équilibrez-vous, comme précédemment. Respirez lentement et régulièrement.

2 Imaginez la personne qui vous pose problème. Envoyez-lui votre amour.

3 Si des pensées coléreuses ou des souvenirs des problèmes rencontrés avec cette personne vous viennent à l'esprit, éloignez-les en douceur. Concentrez-vous de nouveau sur cette personne et envoyez-lui votre amour. Si c'est difficile, imaginez-la sous les traits d'un jeune enfant vulnérable. Vous pouvez aussi penser à quelqu'un ou à quelque chose que vous aimez vraiment – votre partenaire ou votre animal de compagnie –, puis diriger ces sentiments tendres vers la personne vous posant problème. Plus vous pratiquez cet exercice, plus il deviendra facile. Par ailleurs, l'exercice commencera à transformer votre relation avec cette personne-là.

Un système d'alerte psychique

Plus on acquiert de la pratique dans l'art de s'accorder à ses émotions et à ses pensées et de se rendre compte d'un contact désagréable au niveau de l'aura, plus le système d'alerte psychique sera efficace. Le secret est d'être ancré et équilibré dès que possible. Comme on se sentira tout à coup différent, on saura qu'on est déséquilibré par des forces extérieures.

Par ailleurs, s'habituer à être centré et ancré est important pour d'autres raisons. Certains se croient la cible de l'attaque psychique d'une autre personne, alors qu'en fait ils génèrent eux-mêmes les émotions déplaisantes. Par exemple, ils sont énervés à propos de quelqu'un, tout en niant ce fait, puis attribuent le tourbillon de leurs sentiments à une attaque psychique lancée par la personne en question.

SENSATIONS D'ALERTE

En s'habituant à être calme et équilibré, on se rendra rapidement compte du besoin de se protéger. Il faut prêter attention aux signaux du corps : brusque resserrement de l'estomac, picotement de la peau, agitation sans raison apparente. Lorsqu'on travaille régulièrement avec les esprits guides, ceux-ci signaleront aussi la présence d'une énergie négative.

Parfois, des sensations bizarres, inexplicables, s'avèrent par la suite des épisodes défensifs de l'aura. Par exemple, en traversant un bois où un incident malencontreux a eu lieu, on devient conscient de la présence d'un bouclier protégeant le chakra couronne, comme un foulard ou un chapeau. Quoi qu'on tente pour s'en débarrasser, il subsistera tant qu'on est dans le bois – on peut donc être certain d'avoir reçu une protection psychique.

Parfois, les sensations du corps physique enjoignent de se protéger psychiquement.

Nettoyer l'énergie négative

Il y aura certainement des moments où on oubliera de mettre en place la boule psychique (voir pages 104 et 105) ou une autre forme de protection de ce genre, et on accumulera par conséquent un certain volume d'énergie négative. Souvent cela se produit suite à une discussion difficile, en apprenant des nouvelles perturbantes ou en absorbant dans le bus l'énergie négative d'un passager. Pas d'inquiétude, il est facile de s'en débarrasser.

LAVAGE À GRANDE EAU

L'une des plus simples et efficaces méthodes pour se débarrasser de l'énergie négative est de prendre un bain ou une douche. En se lavant de la tête aux pieds, y compris les cheveux, on imagine éliminer l'énergie négative accumulée. En regardant l'eau s'écouler, visualisez-la emporter avec elle toute l'énergie négative.

Prendre un bain est l'un des moyens les plus efficaces de purifier son aura.

Laver les vêtements et les faire sécher au grand air écarte toute énergie négative qu'ils sont susceptibles de contenir.

Pour un effet accru, on ajoute un peu de sel de mer dans l'eau du bain. Le sel est très purifiant, particulièrement si on a l'impression que l'énergie d'autrui a adhéré à son corps et reste en place. On peut aussi verser dans l'eau du bain quelques gouttes de Walnut (noyer), remède floral de Bach ou de Fringed Violet, essence florale du bush australien (voir pages 172 et 175) pour purifier l'aura.

VÊTEMENTS PROPRES

Comme les vêtements absorbent les débris énergétiques, il est préférable de les aérer soigneusement. Après une journée difficile à cause d'une dispute, tous les habits portés devraient dans l'idéal être lavés. Si ce n'est pas possible, il faut au moins les secouer pour les débarrasser de l'énergie négative, puis les placer sur des portemanteaux pour les aérer, de préférence au soleil, sans oublier les chaussures.

On doit faire la même chose avec la literie après une nuit sans sommeil ou un cauchemar, secouer bien les draps, les couvertures, les oreillers, puis les laisser au soleil au moins une heure.

RESTER ACTIF

Si l'énergie est bloquée, elle stagne. Le processus étant rapide, il est préférable d'être actif tous les jours. Un peu d'exercice favorise le mouvement de l'énergie et aide à prévenir une accumulation de négativité. Même une brève promenade autour de la pièce – ou, encore mieux, autour du pâté d'immeubles – rafraîchira.

APRÈS UNE DISPUTE

Même si elles sont réglées à l'amiable, les disputes suscitent immanquablement beaucoup d'énergie négative, qui doit être éliminée, non seulement de la pièce où la

Le son pénétrant généré par un bol chantant est un excellent purificateur d'énergie.

dispute a eu lieu, mais aussi de l'aura. Pour purifier la pièce, les fenêtres ouvertes laisseront entrer de l'air frais. Son atmosphère sera ensuite assainie de la manière la plus appropriée, en tournant autour de la pièce et en battant des mains pour détruire l'énergie négative, en faisant jouer un morceau préféré de musique sacrée, en aspergeant la pièce d'une solution de quelques gouttes de Remède de secours de Bach mélangées à de l'eau dans un vaporisateur ou grâce à un bol chantant.

Ce bol en métal martelé, frappé avec un marteau en bois, émet une note aiguë, censée posséder des propriétés curatives et purifiantes. Le son émis par le bol frappé tour à tour dans tous les coins de la pièce dispersera l'énergie nuisible. L'exercice est ensuite répété au centre de la pièce.

Après la purification de l'énergie de la pièce, une touche finale : un bol de sel de mer placé en son centre pendant autant de temps que possible. Le sel absorbe les énergies néfastes – il est préférable de l'enterrer à l'extérieur, pas de le remettre dans la salière !

Un bol de sel de mer contribuera à purifier l'atmosphère de la pièce après une dispute.

Bénédictions et affirmations

Une merveilleuse façon de profiter de plus de protection psychique et d'attirer les expériences positives est de bénir tout ce qu'on rencontre, gens y compris. Cela peut sembler au premier abord étrange, condescendant même. Mais en s'habituant à bénir chaque repas ou chaque situation difficile, le processus finit rapidement par devenir naturel. De plus, on se rend compte de son profond impact émotionnel et de ses avantages.

BÉNIR LES ALIMENTS ET LES BOISSONS

Dans les sociétés pieuses et spirituelles, il est naturel de bénir les aliments avant de les consommer. Par exemple, les chrétiens disent les grâces avant les repas pour remercier Dieu de les leur avoir donnés. Les bouddhistes s'inclinent toujours avant et après le repas, en

Essayez de vous habituer à bénir tout aliment ou boisson.

remerciement. L'ayurvéda – système de guérison originaire d'Inde, vieux de plus de 5 000 ans, visant à équilibrer les énergies subtiles du corps en mettant l'accent sur le régime alimentaire – en plus de bénir la nourriture, la purifie aussi de toute dette karmique avant sa consommation. Même les athées profiteront de la bénédiction des aliments qu'ils mangent, que ce soit un repas complet ou un biscuit chocolaté accompagnant une tasse de thé.

Un rituel simple de bénédiction au début de chaque repas suffit : par exemple, une croix tracée au-dessus de la nourriture ou le plat levé au niveau du front. Dans l'idéal, la bénédiction prononcée à haute voix véhicule une force et un impact plus considérables.

Les liquides réagissent bien aux bénédictions – le monde est jonché de puits sacrés. L'eau est facilement magnétisée par la bénédiction (dont elle garde l'énergie). On peut aussi bénir le jus de fruits, le thé, le café, le lait… même le vin.

Affirmations

Une affirmation est un mot positif répété maintes fois afin de planter son message dans le subconscient. L'énergie suit la pensée, si bien qu'une affirmation répétée se manifestera toujours en tant qu'énergie. Cette pratique permettra de comprendre l'importance des pensées. Si on se concentre souvent sur la maladie ou la pauvreté, c'est celle-ci qu'on fera se manifester tôt ou tard. Si on se focalise sur la santé, l'abondance, le bonheur ou toute autre chose désirée, on les attirera. Voici quelques astuces quant à la formulation des affirmations :

• Choisissez le temps présent. Ne dites pas à votre subconscient que

vous serez heureux un quelconque jour à venir, dites-lui que vous l'êtes en ce moment même. Essayez : « J'attire maintenant la joie dans ma vie ».

• Écartez tout mot négatif de vos affirmations – celles-ci doivent être positives. Par exemple, si vous voulez vous remettre après une méchante grippe, ne dites pas : « Je me rétablis après une grippe », car votre subconscient se concentrera sur le mot « grippe », pas sur le mot « rétablis ». Utilisez une affirmation comme : « Je suis actuellement en parfaite santé ».

• Ne demandez rien qui soit susceptible de faire du mal, à autrui ou à vous-même. Si vous affirmez que vos amitiés se bonifient, vous ne souhaitez pas qu'une chose affreuse arrive à vos amis. Choisissez donc soigneusement vos mots et ajoutez-leur un avenant, comme « pour le plus grand bien de tous ceux concernés ».

• Prononcez votre affirmation à haute voix, au moins 5 minutes par jour, de manière affectueuse, en percevant sa vérité dans votre cœur. Sachez qu'elle deviendra réelle et anticipez la joie que vous ressentirez alors. Ne désorientez pas votre subconscient en lui envoyant des messages comme : « Je me demande si cela arrivera vraiment ».

Surmonter la peur

Certains sont plus craintifs que d'autres. Certains sont prêts en permanence à gérer les désastres et les problèmes qui semblent les attendre à chaque tournant de la vie. Bien sûr, on peut s'inquiéter de tout – qu'il va pleuvoir, ce qui gâchera le pique-nique, que le partenaire s'en ira avec quelqu'un de plus séduisant, que le déménagement prévu soit saboté à la dernière minute.

Vivre dans un univers personnel gouverné par la peur a un mauvais effet sur la santé. Il sape le système immunitaire, rendant plus vulnérable à la maladie, interfère avec le métabolisme, déversant dans le sang trop de cortisol et d'adrénaline – hormones dirigeant la réaction de fuite ou de lutte –, perturbe le sommeil, jette le chaos dans le système digestif et ainsi de suite. Certains ont l'impression d'être la cible d'une attaque psychique, alors qu'en réalité ils réagissent excessivement et imaginent le pire.

Le plus effrayant est assurément le fait que la peur attire les circonstances terribles. Les semblables s'attirent, si bien qu'on est plus à même de faire l'expérience de situations désagréables si on est déjà craintif, car on se programme soi-même pour des circonstances justifiant ce sentiment de peur. Comment peut-on rompre ce cercle vicieux ?

UNE APPROCHE MULTIPLE

Il y a bien des manières d'affronter ses peurs et d'accroître sa confiance. La première est d'examiner de près ce qui fait peur pour en connaître les raisons. Craint-on de perdre tout ce qu'on a parce qu'au plus profond de soi on pense ne pas le mériter ? Craint-on de se voir punir pour ses mauvaises actions ou pour son mauvais comportement ? Si ces peurs sont trop ancrées ou émergent d'un traumatisme ancien, une aide professionnelle est nécessaire. Si une solution constructive à sa peur existe, il faut la saisir. Les remèdes floraux conçus pour gérer la peur sont aussi utiles.

Si on la laisse prendre le contrôle, la peur peut devenir une prison.

Bâtir la confiance

Lorsque vous sentez la présence de l'anxiété, remplacez-la par des émotions plus positives. Voici quelques suggestions :

Mesures restrictives

• Ne lisez plus les journaux, n'écoutez plus les nouvelles pendant une semaine. Notez à quel point vous vous sentez bien. Évitez les programmes de télé, les films, les magazines, les livres traitant de détresse ou de violence.

• Éloignez-vous des personnes très négatives, qui aiment se focaliser sur des choses affreuses. Passez du temps avec des gens qui vous font rire. Si vous n'en connaissez pas, trouvez-vous de nouveaux amis !

• Ne vous inquiétez pas plus de 5 minutes par jour. À chaque fois que vous dépassez cette limite, écartez le sujet de votre esprit. Vous constaterez rapidement que vous avez oublié de vous inquiéter.

Mesures proactives

• Faites attention à vos pensées. À chaque fois que vous vous surprenez en train de songer à quelque chose de négatif ou d'effrayant, remplacez cette pensée par une autre, positive.

• Découvrez-vous un nouvel intérêt, pour penser à quelque chose de drôle et d'inédit. Savourez sans culpabilité le temps ainsi passé.

• Faites plus d'exercice, même si ce n'est qu'une promenade quotidienne. L'exercice relâche dans le sang des endorphines, hormones du « bonheur ». Vous constaterez par ailleurs une différence quant à votre santé et votre poids.

• Développez une pratique spirituelle : depuis la fréquentation d'une église jusqu'à la lecture des livres traitant du développement personnel.

Choisissez vos amis et évitez les personnes négatives ou tristes.

Intégrez un peu d'exercice dans votre programme quotidien.

• Apprenez à méditer (voir pages 44 et 45). La méditation est bénéfique pour la santé, elle confère un profond sentiment de paix et de détente. Réservez un moment tous les jours à la méditation.

• Pratiquez le yoga, ce qui augmentera la souplesse et la force du corps, tout en améliorant la respiration et en vous offrant une vision plus spirituelle de la vie.

Guérison énergétique

Qu'est la guérison énergétique ?

La guérison énergétique est pratiquée depuis des millénaires. Malgré la prolifération actuelle de techniques et d'écoles de guérison, elle n'a rien de nouveau. Très simplement, la guérison énergétique est la pratique permettant de changer l'état physique, émotionnel, mental ou spirituel d'une personne en modifiant l'énergie qui l'entoure. La guérison apporte toujours un changement, parfois sur un plan inattendu par le patient.

Tous les gens sont des guérisseurs, bien que la plupart ne le sachent pas. À chaque fois qu'on réconforte un enfant qui pleure parce qu'il s'est fait mal, on lui administre une guérison : on le serre dans ses bras, on frotte son coude douloureux ou on l'embrasse. On parle souvent de médecins qui « savent parler à leurs malades », autrement dit qui les réconfortent et les rassurent. Avant même que le médecin lui établisse une ordonnance, le patient commencera à se sentir mieux. Cette sensation peut avoir de nombreuses raisons psychologiques, mais il se peut aussi que le médecin soit un guérisseur naturel, ce qui l'a attiré en premier vers son métier. Malheureusement, cela ne veut pas dire que tous ceux impliqués dans ce domaine sont motivés surtout par le désir de soigner autrui : certains cherchent d'autres récompenses, comme le pouvoir, le statut ou le gain financier.

LA GUÉRISON AGIT-ELLE TOUJOURS ?

La guérison génère toujours une certaine forme de changement, si bien qu'elle agit indubitablement sur un plan ou un autre. Lorsqu'on leur administre une guérison, certains réagissent si fortement qu'on a l'impression d'assister à un miracle. Ces traitements semblent parfois transcender les lois de la médecine conventionnelle – les médecins perplexes finissent par croire à une erreur du diagnostic initial. Les symptômes d'autres personnes sont allégés, sans disparaître totalement. D'autres encore profitent peu de la guérison d'un point de vue physique, mais constatent que d'autres domaines de leur vie vont mieux ou que des problèmes existant de longue date sont réglés tout

d'un coup. Il n'y a pas de certitudes quant à la manière dont la guérison affectera un patient, de même qu'il n'y a pas de garanties à propos de sa réaction à la médecine conventionnelle.

En administrant une guérison, vous pouvez placer vos mains sur le corps de la personne ou les tenir près de lui.

Types de guérison

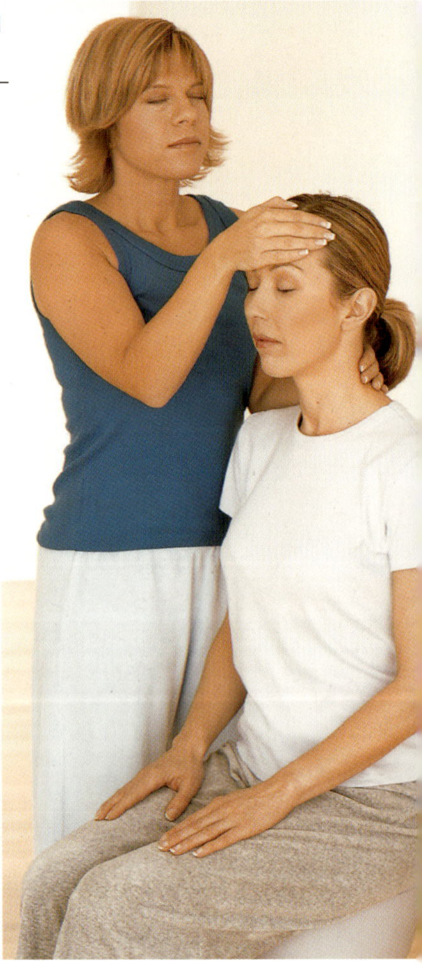

La guérison prend de nombreuses formes. Lors de la guérison énergétique simple, le guérisseur canalise l'énergie d'une source supérieure et la transfère à l'aura du patient. Quand on prie pour la guérison, celle-ci prend place grâce au pouvoir de la prière. Une technique similaire invoque un personnage spirituel : « Jésus se manifeste maintenant en moi comme un ordre parfait ». Les affirmations (voir pages 116 à 119) telles que : « Je suis maintenant en parfaite santé », suscitent à leur tour la guérison. La guérison par les cristaux et les remèdes floraux sont aussi des techniques de guérison. En fait, toutes les thérapies complémentaires, ainsi que les traitements allopathiques, ont le potentiel d'apporter la guérison.

Faites attention en travaillant autour de la tête, zone très sensible.

Différents noms, la même guérison

La guérison porte bien des noms, dont « guérison spirituelle », « guérison psychique » et « guérison par la foi ». Toutefois, ces noms sont quelque peu désorientants :

- **La guérison spirituelle** implique le recours aux esprits, concept rébarbatif pour certains.
- **La guérison psychique** peut sembler tout aussi effrayante à une personne mal à l'aise à l'idée des facultés paranormales.
- **La guérison par la foi** suggère que la guérison ne réussira que si la personne est assez pieuse ou croit en quelque chose de particulier.
- Le terme **« guérison énergétique »** est une meilleure description du processus, car il reconnaît le rôle essentiel de l'énergie. C'est un processus à trois : le patient, le guérisseur et la source supérieure à laquelle connecte la guérison. Chaque guérisseur a son propre nom pour cette source, selon ses propres croyances spirituelles : Dieu, Univers, Source. Administrer une guérison sans la rattacher à une source supérieure aboutit parfois à une fatigue excessive.

QUI EFFECTUE LA GUÉRISON ?

La plupart des guérisseurs travaillant avec l'énergie pensent que leur don curatif est canalisé à travers eux jusqu'à leurs patients à partir d'un pouvoir supérieur. Ils se tiennent pour un conduit, pas pour la source même de la guérison. D'autres se considèrent comme la vraie source du pouvoir de guérison. Cependant, le rôle du patient est aussi essentiel, car l'énergie encourage la guérison de son corps.

Chirurgie psychique

Comme pour la guérison, il y a plusieurs formes de chirurgie psychique. Les exemples les plus spectaculaires de ce type de guérison viennent surtout du Brésil et des Philippines, où les guérisseurs pratiquent des « opérations chirurgicales » sur le corps du patient sans utiliser d'équipements médicaux ou d'anesthésie et en enlèvent apparemment

Edivaldo Silva est l'un des plus célèbres chirurgiens psychiques du Brésil.

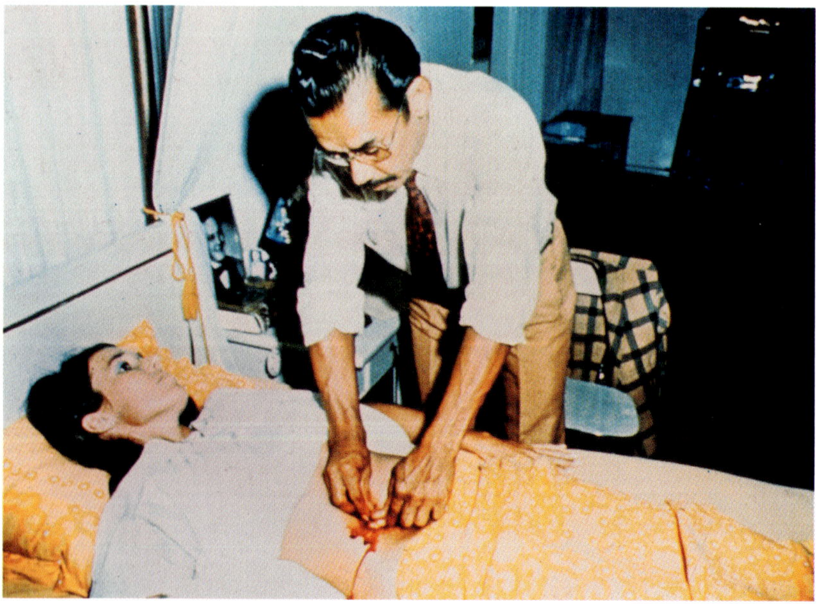

de grands morceaux sanguinolents de tissu, des tumeurs et des calculs biliaires.

AUX PHILIPPINES ET AU BRÉSIL

La description la plus habituelle d'une opération psychique défie le concept occidental médical. Le guérisseur glisse ses mains (ou un couteau à découper) dans le corps du patient, sans anesthésie, retire ou guérit ce que gêne celui-ci, puis referme la plaie sans points de suture. La cicatrice disparaît complètement en quelques jours – plutôt que semaines. Ces opérations sont souvent sanglantes, en total contraste avec la guérison énergétique pratiquée en Occident.

Toute forme de guérison intéresse les sceptiques, mais la chirurgie psychique est la plus controversée. C'est une cible de choix pour les démystificateurs des phénomènes paranormaux, qui citent d'innombrables cas de fraude, puis s'en servent pour discréditer l'ensemble de ce domaine. Néanmoins, le fait que la plupart des Occidentaux ne comprennent pas la véritable chirurgie psychique ou n'osent pas y croire parce qu'elle va à l'encontre de toute leur éducation, ne signifie pas automatiquement qu'il s'agit d'une tromperie.

EN OCCIDENT

Plusieurs chirurgiens psychiques célèbres pratiquent en Occident. Parmi les plus connus, citons Stephen Turoff, qui travaille en Grande-Bretagne. Sans formation médicale, il canalise les instructions d'une équipe de médecins du monde des esprits, dirigés par le Dr Joseph Khan, Autrichien décédé au début des années 1900.

L'entité désincarnée appelée Dr William Lang travaille avec George Chapman, ancien pompier, et avec son fils Michael. Le Dr Lang donne même des consultations à ses patients lorsque George (ou Michael) Chapman est en transe. À son époque, le Dr Lang était un ophtalmologue renommé au Moorfields Eye Hospital de Londres. À l'occasion, agissant à travers l'un des Chapman, le Dr Lang a traité des patients qu'il avait rencontrés dans cet hôpital et qui l'ont reconnu.

Le travail d'Edgar Cayce

La charge de travail d'Edgar Cayce a fini par le faire mourir en 1945.

L'un des personnages les plus remarquables de l'histoire de la guérison psychique est Edgar Cayce, « le prophète dormant ». La vie de Cayce est si extraordinaire que ses détracteurs pensent que son travail de guérison a dû cacher des supercheries. Pourtant, Cayce testait rigoureusement ses méthodes et plusieurs de ses traitements sont encore utilisés de nos jours. De plus, il refusait en général toute forme de paiement pour ses services.

Edgar Cayce est né dans une ferme du Kentucky (États-Unis) en 1877. Mauvais élève, il était apparemment un garçon ordinaire, à une exception près : ses puissants dons psychiques. En bataillant avec ses leçons, il avait découvert qu'il pouvait assimiler pendant son sommeil le contenu d'un manuel scolaire placé sous son oreiller.

LECTURES EN TRANSE

C'était déjà assez remarquable. Dans sa prime jeunesse, Cayce était capable de se mettre lui-même en transe et d'établir un traitement pour les problèmes de santé d'une personne. À l'état de veille, il ne connaissait pratiquement rien à la médecine ; en transe, son savoir était immense. Cayce s'est rapidement acquis une réputation en guérissant des états apparemment réfractaires à tout traitement, souvent létaux. Au début, il travaillait près du patient, puis avait réalisé qu'il pouvait guérir n'importe qui dans le monde entier – il lui suffisait d'avoir le nom et l'adresse du patient.

La plupart des traitements de Cayce suivaient un modèle précis. Il conseillait souvent l'ostéopathie, en précisant les vertèbres à manipuler. Il recommandait aussi l'application de cataplasmes trempés dans de l'huile de castor chaude sur la partie affectée du corps. De plus, il suggérait de faire de l'exercice et de changer de régime alimentaire. Cayce prescrivait fréquemment des remèdes d'un charme désuet, mais qui guérissaient tout, depuis les affections bénignes jusqu'aux états graves. Bien que bon nombre de ses traitements fussent considérés comme loufoques ou trop superficiels pour donner des résultats, dans la grande majorité des cas, ils ont été couronnés de succès. Cayce avait fondé sa propre organisation, l'Association for Research and Enlightenment, chargée d'étudier la réussite de ses lectures. Son taux de réussite dépassait, à ce qu'on dit, les 90 %.

L'un des aspects les plus bizarres de Cayce était sa piété, ses convictions chrétiennes à la limite du fondamentalisme, contredites parfois par ses affirmations pendant la transe. Par exemple, en transe il parlait souvent des archives akashiques (censées exister sur le plan astral et renfermer l'histoire de toute personne ayant vécu sur la planète), alors que l'idée même l'étonnait à l'état de veille.

LE MENTAL UNIVERSEL

Que pensait Cayce de ses pouvoirs ? Il était conscient que lors d'une transe son mental faisait deux choses à la fois : pratiquer une lecture tout en faisant un rêve personnel. Parfois, pendant qu'il effectuait la lecture, il saisissait les pensées de la personne et lui répondait.

Cayce pensait que ses pouvoirs venaient de ce qu'il appelait le mental universel, assez semblable à l'inconscient collectif de Carl Jung. Quand Cayce entrait en transe, il se connectait à l'ensemble de la vie et grâce aux archives akashiques accédait à toute information dont il avait besoin.

Administrer la guérison

Quand on commence à développer ses facultés de guérison, on a envie de les exercer sur d'autres personnes. Si fort que soit ce désir de soigner autrui, il faut respecter quelques règles importantes (voir ci-dessous).

Règles pour la guérison

Ces règles s'appliquent à toute séance de guérison. Ce n'est que du bon sens, mais il est important de ne pas les oublier :

- Ne posez pas de diagnostic médical si vous n'avez pas de diplôme de médecin.
- Ne dites jamais à une personne qu'elle est guérie et peut arrêter son traitement médicamenteux ou qu'elle n'a pas besoin de subir une opération.
- Ne dissuadez jamais quelqu'un de demander un conseil médical, ne lui promettez pas que vous guérirez son problème.
- N'effrayez pas un patient en affirmant voir toutes sortes de choses horribles dans son aura.
- Demandez toujours la permission de la personne avant de lui administrer une guérison, même si vous le faites mentalement. N'administrez pas de guérison à l'insu du récipiendaire.

INSTALLER LA SCÈNE

Pour soigner une autre personne, une atmosphère calme et apaisante est préférable. Un siège confortable (pour que ses pieds soient en contact avec le plancher, même s'il doit les poser sur un coussin) ou une table de massage sont à prévoir pour le patient.

Une musique de fond douce est appropriée, mais le patient doit en être informé et l'accepter. Si le patient est d'accord, on peut allumer une bougie ou de l'encens. Le guérisseur ne doit pas porter des senteurs fortes (même si c'est son parfum préféré) pour ne pas distraire le patient.

La séance ne doit pas être interrompue par une personne entrant dans la pièce ou par la sonnerie du téléphone. Il faut demander au patient d'éteindre son portable avant le début de la séance de guérison.

Faites brûler de l'encens pendant la séance de guérison uniquement si votre patient l'accepte.

GUÉRIR UNE AUTRE PERSONNE

Cette procédure de guérison est aussi simple qu'efficace. Ne vous attendez cependant à des miracles immédiats : la guérison a souvent besoin de temps pour agir. Il vous suffit de maintenir votre connexion avec la source d'énergie curative et la canaliser à travers vous en la faisant sortir par vos mains. Laissez cette énergie – et le corps du patient – faire le reste.

1 Invitez votre patient à s'asseoir ou à s'allonger, puis vérifiez qu'il est à l'aise. Dites-lui de garder les yeux ouverts ou fermés, à sa guise. Vous l'informerez quand la guérison sera achevée. Demandez-lui si cela le gêne que vous touchiez ses épaules et ses pieds pendant la guérison. Si c'est le cas, tenez vos mains juste au-dessus de son corps, ce qui sera tout aussi efficace.

2 Tenez-vous sur le côté de votre patient, ancrez-vous et équilibrez-vous mentalement (voir pages 24 et 25). Imaginez que vous baignez dans une lumière dorée qui purifie votre aura. Visualisez, pénétrant par le sommet de votre tête, un faisceau de lumière venant de la source de guérison la plus élevée à laquelle vous pouvez penser.

3 Placez doucement vos mains sur les épaules du patient et imaginez que vous êtes tous deux entourés d'un manteau de lumière protecteur.

4 Vous êtes maintenant prêt à commencer la séance de guérison. Vous pouvez travailler soit tour à tour sur les chakras, en partant du chakra racine et en montant jusqu'au chakra couronne (voir pages 66 à 79), soit soigner la zone de l'aura du patient

qui vous semble affectée (voir pages 92 à 95). Vérifiez à l'occasion que le patient est à l'aise.

5 Une fois ce travail achevé, prévenez le patient que vous allez placer vos mains sur ses pieds. Imaginez des racines s'enfonçant dans la terre depuis la plante de ses pieds (pour l'ancrer). Remerciez mentalement pour l'énergie de guérison.

6 Éloignez-vous de lui et imaginez-vous baigné de lumière. Ensuite, ancrez-vous de nouveau.

7 Annoncez doucement à votre patient que la guérison est accomplie. Invitez-le à vous raconter ce qu'il a ressenti et si c'est approprié, racontez-lui vos propres expériences.

Techniques de guérison

Lorsqu'on administre une guérison, à soi-même ou à une autre personne, on manipule l'énergie contenue dans l'aura. Après un bref laps de temps, cette modification de la structure énergétique de l'aura se reflétera dans le corps physique, par exemple dans l'atténuation d'un problème. Les troubles se manifestent toujours d'abord dans l'aura et, s'ils ne sont pas réglés, finissent par affecter le corps physique. Pour éliminer le problème physique, il faut donc traiter l'aura.

En acquérant de l'expérience dans la pratique de la guérison, on développe instinctivement d'autres approches, en fonction du moment. Certaines deviendront des techniques préférées, d'autres serviront rarement. L'important est qu'on se sente à l'aise avec ce qu'on fait et qu'on soit convaincu de la réussite de la guérison. Au cours de la séance, il faut vérifier que le patient est à l'aise, spécialement lorsqu'on travaille autour de sa tête, zone extrêmement sensible. Voici quelques techniques simples de guérison.

LISSER L'AURA

C'est l'une des plus simples et efficaces techniques de guérison, particulièrement

Vous pouvez vous soigner en travaillant sur l'aura entourant la zone affectée de votre corps.

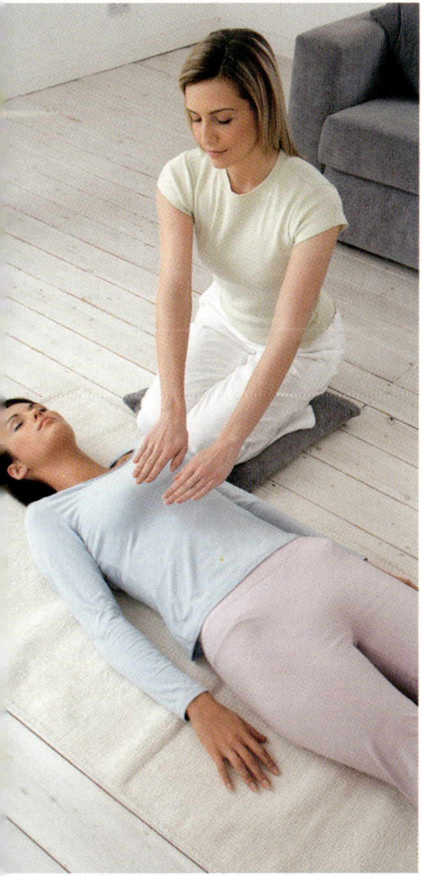

En administrant une guérison, vérifiez l'énergie de chaque chakra.

quand une partie de l'aura semble boursouflée, chaude ou perturbée. Elle peut servir à soigner une piqûre de guêpe ou une coupure. En tenant sa paume à environ 5 cm de la partie affectée du corps, on lisse l'aura avec des mouvements longs et réguliers, jusqu'à lui donner un meilleur aspect. En travaillant, on doit être convaincu que toutes ses actions ont un effet bénéfique.

CONCENTRATION SUR L'AURA

Cette technique simple est extrêmement bénéfique pour apaiser une zone de l'aura. La personne recevant la guérison éprouvera une intense sensation de chaleur réconfortante venant de la main du guérisseur, même si celle-ci est à environ 5 cm au-dessus de la zone à guérir. Le guérisseur imagine cette énergie curative descendant par le sommet de sa tête et passant de sa main dans l'aura du patient.

DISPERSER SON ÉNERGIE

Si une partie de l'aura semble lourde, comme si l'énergie y est bloquée ou

Il vaut toujours mieux avertir le patient avant de faire un bruit, comme taper dans les mains.

ralentie, ce blocage doit être dissipé pour rétablir la circulation de l'énergie. On obtient ce résultat en battant des mains, en les frottant l'une contre l'autre, en donnant des pichenettes à l'aura – ce qui semble le plus approprié – en alternant entre l'élimination de l'obstruction et l'analyse de sa sensation En cas de doute, d'autres informations sont à demander au patient.

ÉLIMINER L'ÉNERGIE BLOQUÉE

Parfois, la meilleure manière de se débarrasser de l'énergie coincée, lourde ou bloquée, est de l'extirper de l'aura de ses mains pour la déposer dans un seau imaginaire. Cette technique est extrêmement efficace, spécialement si on baigne la zone affectée dans une lumière dorée après avoir fini sa guérison.

En travaillant, le guérisseur reçoit une impression mentale de ce qu'il enlève, par exemple des pierres remplissant l'estomac du patient, ou des longues aiguilles transperçant un poignet foulé, qu'il faut enlever minutieusement. Il doit se fier à son intuition, plutôt qu'à son mental rationnel et enlever en douceur les corps énergétiques étrangers jusqu'à ce que l'aura redevienne claire. Il doit demander

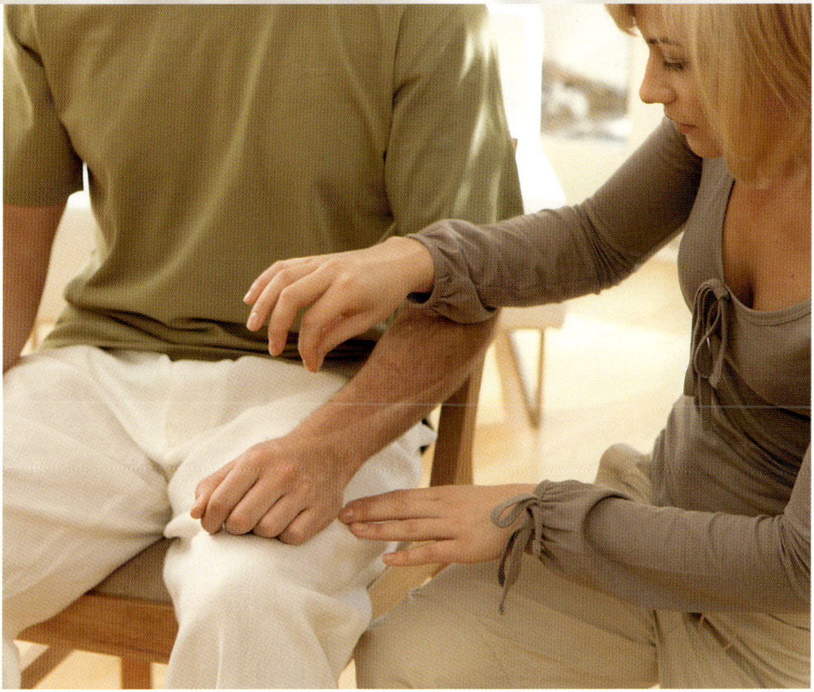

que l'énergie contenue dans le seau soit soigneusement éliminée.

LAISSER SA MAIN DANS L'AURA

Les problèmes de l'aura ne sont pas toujours réglés en une seule séance. S'il s'agit d'une affection de longue durée, à la fin de la séance on doit laisser mentalement ses mains dans l'aura de la personne, au-dessus de la partie affectée de son corps. Ainsi, l'effet curatif des mains se poursuivra, même si physiquement elles ne sont plus là.

Ne vous inquiétez pas si vos techniques de guérison semblent bizarres à votre patient.

Examiner psychiquement le corps

La méthode choisie pour examiner psychiquement votre propre corps dépend de la manière dont travaille le mental. Êtes-vous meilleur à la perception de l'énergie avec vos mains, à sa vue imaginaire ou à sa visualisation dans l'aura ? Choisissez le processus qui vous convient le mieux et soyez persuadé que ce que vous faites se produit réellement. N'oubliez pas, l'énergie suit la pensée.

SCANNER LE CORPS

Lors de cet exercice, passez lentement vos mains sur votre aura, afin de percevoir son énergie. Cherchez des points chauds et froids, des zones lourdes ou toute autre sensation bizarre, inconfortable ou inhabituelle.

1 Tenez-vous debout, pieds écartés de la largeur des hanches. Ancrez-vous et équilibrez-vous (voir pages 24 et 25).

2 Déplacez votre main dominante (celle avec laquelle vous écrivez) sur votre corps, toujours un peu éloignée de votre peau. Faites très attention aux sensations ressenties dans cette main.

3 Descendez systématiquement sur votre autre bras, puis changez de main et scannez le bras dominant. Scannez ensuite la face antérieure du tronc, puis chaque jambe, en vous servant à chaque fois que possible de votre main dominante. N'oubliez pas la plante des pieds.

4 Il est plus difficile de scanner votre dos, spécialement si vous n'êtes pas très souple. Tendez les bras pour percevoir autant de votre dos que possible.

5 Dès que vous trouvez une zone à problèmes, utilisez les techniques de guérison (voir pages 138 à 141) qui semblent convenir. En travaillant, sachez que vous guérissez votre corps.

6 Quand vous avez fini, remerciez d'avoir pu percevoir l'énergie et ancrez-vous une fois de plus.

SCANNER LES CHAKRAS

Très bon exercice pour déterminer l'état des chakras. Il enseigne à utiliser sa paume pour évaluer l'énergie de chaque chakra et s'accorder à la manière dont il tourne. Plus on pratique cet exercice, plus les paumes deviennent sensibles. Les chakras en bonne santé tournent en cercle. Très souvent, les chakras ralentissent et leur rotation excentrique doit être corrigée en la modifiant mentalement jusqu'à ce qu'elle redevienne régulière et circulaire.

1 Asseyez-vous sur une chaise confortable ou tenez-vous debout, jambes écartées de la largeur des hanches. Ancrez-vous et équilibrez-vous, comme précédemment.

2 Rapprochez la paume de la main dominante du chakra racine (voir pages 66 et 67), entre vos jambes, sans toucher votre corps. Notez les sensations éprouvées. Pas d'inquiétude si vous ne ressentez rien : imaginez simplement que votre chakra racine tourne correctement.

3 Faites monter votre main jusqu'au chakra sacré (voir pages 68 et 69) et répétez l'exercice. Accordez-vous aux sensations perçues dans votre paume, et corrigez si nécessaire la rotation du chakra.

4 Montez ainsi sur votre corps jusqu'au chakra de la gorge (voir pages 74 et 75). L'aura entourant votre tête est très sensible – vous constaterez parfois que c'est plus confortable si la main est un peu plus loin du corps.

5 Arrivé au chakra couronne (voir pages 78 et 79), percevez-le de vos deux mains placées d'un côté et de l'autre de votre tête et accordez-vous à sa rotation. Parfois, vous sentirez celle-ci entre vos mains.

6 Dès que vous trouvez une zone à problèmes, utilisez les techniques de guérison (voir pages 138 à 141) qui semblent convenir. En travaillant, sachez que vous guérissez votre corps.

7 Quand vous avez fini, remerciez pour l'énergie de guérison et ancrez-vous une fois de plus.

UTILISER L'IMAGINATION

Il se peut que pour scanner votre corps, vous préfériez utiliser votre imagination plutôt que vos mains. Cette méthode est aussi efficace que les autres, mais vous devez apprendre à vous fier à vos impressions.

1 Asseyez-vous confortablement, pieds à plat sur le plancher, ancrez-vous et équilibrez-vous comme précédemment. Travaillez les yeux ouverts ou fermés, ce qui vous convient le mieux.

2 Imaginez l'une des deux méthodes d'examen du corps. Concentrez votre attention tour à tour sur chaque zone de votre corps, en le parcourant lentement. Quelle est la sensation ? Êtes-vous conscient de toute zone raide, douloureuse ou inconfortable ? Imaginez ensuite la deuxième méthode : vous distinguez de manière énergétique votre corps, son aura et ses chakras. Quelle en est la sensation ? Les chakras tournent-ils correctement ? Votre aura est-elle claire ou comporte-t-elle des zones d'énergie bloquée ?

3 Dès que vous trouvez une zone à problèmes, faites appel aux techniques de guérison (voir pages 138 à 141) appropriées. En travaillant, sachez que vous guérissez votre corps.

4 Quand vous avez fini l'exercice, remerciez et ancrez-vous une fois de plus.

OBSERVER L'AURA

Dans cet exercice, vous voyez effectivement l'aura. Il sera plus facile à effectuer devant un miroir en pied, avec un autre miroir placé derrière votre dos.

1 Tenez-vous devant le miroir, pieds écartés de la largeur des hanches, genoux légèrement fléchis, puis ancrez-vous et équilibrez-vous, comme précédemment.

2 Regardez d'abord l'aura autour de votre tête. Vos yeux relaxés ne regardent pas directement cet espace-là, mais au-delà de lui.

3 Regardez tour à tour l'aura entourant chaque zone de votre corps. À quoi ressemble-t-elle ? Distinguez-vous des zones sombres d'énergie bloquée ou des zones où l'aura est plus mince et plus faible ? Vérifiez que votre aura descend sur vos jambes jusqu'au-dessous de vos pieds et qu'elle ne présente pas de trous ou de déchirures.

4 Dès que vous trouvez une zone à problèmes, utilisez les techniques de guérison (voir pages 138 à 141) qui semblent appropriées. En travaillant, sachez que vous guérissez votre corps.

5 Quand vous avez fini, remerciez et ancrez-vous de nouveau.

Guérison à distance

Toute guérison est un processus énergétique, si bien qu'elle est tout aussi efficace quand le guérisseur et le patient sont dans la même pièce (« guérison de contact ») ou quand ils sont très loin l'un de l'autre (« guérison à distance »). Au premier abord, le concept semble difficile à saisir, surtout si le seul type de soins connu d'une personne est la consultation d'un médecin. Comment un guérisseur peut-il envoyer une guérison quand il n'est pas à proximité ?

L'énergie suit la pensée, si bien qu'il suffit au guérisseur de penser à la personne à laquelle il destine la guérison pour que celle-ci lui parvienne. Plus le guérisseur envoie cette énergie, plus la connexion entre lui et le patient se renforce.

La guérison à distance est extrêmement efficace. En fait, beaucoup de guérisseurs trouvent qu'elle a un plus grand impact sur le patient que la guérison de contact. De plus, elle est très commode, car le guérisseur peut envoyer la guérison à son patient à tout moment, où que celui-ci soit.

En administrant une guérison à distance, imaginez toujours que votre patient est en bonne santé.

Vous pouvez envoyer une guérison à distance quand vous parlez au téléphone avec la personne ciblée.

L'éthique de la guérison à distance

Les règles éthiques pour la guérison de contact (voir pages 134 et 135) s'appliquent également à la guérison à distance. La règle la plus importante est que la guérison ne doit pas être envoyée aux gens sans leur permission. Ce principe semble difficile à comprendre et par ailleurs assez contradictoire. Si on est un guérisseur et si on voit une personne dans la détresse, il est naturel de lui envoyer une guérison, n'est pas ? Eh bien, non, car on interfère avec le libre arbitre de cette personne si elle n'a pas accepté la guérison. On ne peut que lui envoyer de l'amour ou demander à Dieu (ou aux anges de guérison) de l'aider.

Parfois, si on désire envoyer une guérison à une personne aimée, sans pouvoir pour autant lui demander sa permission, on doit demander mentalement à son Moi supérieur si elle aimerait être soignée. Il y a toujours une réponse, qu'on doit respecter si c'est un « non » définitif.

Envoyer une guérison à distance

Comme pour la guérison de contact, on doit choisir la manière d'envoyer une guérison à distance convenant le mieux pour soi. Celle-ci peut être différente des systèmes utilisés par d'autres guérisseurs, mais cela importe peu tant qu'on respecte les règles éthiques présentées à la page 149.

CRÉER UN SANCTUAIRE

On peut envoyer l'énergie de guérison à tout moment, n'importe où. Pour commencer, la création d'un sanctuaire paisible où pratiquer la guérison à distance est envisageable, afin d'accroître ses propriétés spirituelles et à se mettre dans un état plus relaxé, où l'énergie circulera plus aisément. La guérison est meilleure quand on ne tente pas de la forcer.

Un petit autel avec des images inspirantes transformera en sanctuaire pour la guérison et la méditation même un recoin d'une pièce, qui rassemblera une énergie puissante. Une bougie peut être allumée lors de l'administration de la guérison, au choix du guérisseur.

S'ACCORDER AU MÊME MOMENT

Beaucoup de guérisseurs préfèrent envoyer la guérison à distance au même moment tous les jours. Ainsi, ils créent un rituel qui emmagasinera du pouvoir et sera un rappel quotidien. L'envoi de la guérison ne prend que quelques minutes, mais on peut y passer davantage de temps, à sa guise.

La guérison peut être envoyée de partout, pas nécessairement de son sanctuaire. C'est l'intention qui compte, pas l'endroit. Il faut toujours essayer d'envoyer la guérison avec amour, compassion et compréhension.

Inutile de mettre l'autel en évidence si vous ne voulez pas attirer l'attention sur lui.

ENVOYER LA GUÉRISON À QUELQU'UN

1 Choisissez un moment où vous ne serez pas dérangé, et asseyez-vous confortablement, pieds à plat sur le plancher. Préparez-vous en vous ancrant (voir pages 24 et 25), puis imaginez baigner dans une lumière dorée et visualisez un faisceau de lumière curative pénétrant par le sommet de votre tête.

2 Fermez les yeux et demandez mentalement ou à haute voix qu'une guérison soit envoyée à votre patient. Dites son nom, ce qui activera une puissante énergie entre vous.

3 Imaginez tout son corps baigné de lumière curative ou concentrez-vous sur la zone exigeant une guérison. Visualisez-vous travailler sur lui, comme si vous étiez dans la même pièce.

4 Voyez le problème physique s'estomper, remplacé par une excellente santé. Évitez les idées négatives. Par exemple, au lieu de dire : « Je vous prie de guérir le cancer de John Smith », dites « Je vous prie d'envoyer une santé parfaite à John Smith ».

5 Quand vous êtes prêt à arrêter, entourez mentalement votre patient d'une boule de lumière dorée, puis imaginez-le s'éloigner de vous à travers un passage voûté, ce qui rompra le lien psychique entre vous.

6 Baignez mentalement dans la lumière dorée, puis ancrez-vous de nouveau. Remerciez pour la guérison.

7 Ouvrez les yeux et étirez vos bras et vos jambes pour revenir complètement dans votre corps.

ENVOYER LA GUÉRISON À UN GROUPE

En acquérant de la pratique à la guérison, on finit par se constituer une liste de personnes auxquelles envoyer une guérison à distance. Pour y parvenir, on peut utiliser l'une des deux méthodes suivantes, chacune respectant le cadre général présenté ci-contre, y compris la préparation à l'envoi de la guérison.

Lors de la première méthode, on prononce le nom de chaque personne, l'un après l'autre, en l'imaginant baignée de lumière curative, heureuse, forte et en bonne santé, puis s'éloignant à travers un passage voûté. On répète la procédure en prononçant le nom de la personne suivante de la liste et on poursuit ainsi jusqu'à avoir envoyé la guérison à chaque membre du groupe. La guérison s'achève de la manière habituelle.

La deuxième méthode est très utile si on n'a pas le temps d'envoyer la guérison individuellement à chaque membre d'un grand groupe. Tous les noms sont inscrits sur une feuille de papier, puis, avec la main placée dessus, on demande qu'une guérison soit envoyée à tous.

Guérir les animaux

Les animaux réagissent à la guérison aussi bien que les hommes. Dans beaucoup de cas, les animaux aiment et acceptent la guérison mieux que ceux-ci, si bien qu'ils font d'excellents patients. Ils ne s'inquiètent pas de savoir s'ils réagissent à un effet placebo ou s'ils iraient de toute façon mieux sans la guérison. La plupart du temps, ils se contentent d'absorber l'énergie curative.

POURQUOI LES ANIMAUX ONT-ILS BESOIN DE GUÉRISON

Comme les hommes, les animaux tombent malades. Ils peuvent aussi être fatigués, découragés, déprimés, anxieux, nerveux, ennuyés ou émotionnellement dépendants. S'ils ne sont pas traités, ces troubles finiront par devenir des maladies

Vous devez toujours consulter un vétérinaire si votre animal souffre.

physiques. L'une des meilleures façons de s'assurer que son animal de compagnie reste en bonne santé – physiquement et mentalement – est de lui administrer tous les jours une guérison par imposition des mains. C'est facile pour les chats et les chiens, en plaçant une main sur le ventre de l'animal, l'autre sur son crâne, on perçoit l'énergie curative le traversant. Il faut adapter la procédure pour les animaux plus grands en plaçant des mains sur les points accessibles.

Que dit la loi

Dans la plupart des cas, les animaux sont protégés par les lois de leur pays de résidence, car ils dépendent totalement du bon vouloir des hommes pour les soins médicaux dont ils ont besoin. Les lois régissant les soins aux animaux diffèrent de pays à pays. Par exemple, en Grande-Bretagne les propriétaires d'animaux de compagnie doivent être envoyées par un vétérinaire chez l'homéopathe ou le guérisseur. Aux États-Unis, les lois varient d'État à État.

Rien n'interdit au propriétaire d'administrer une guérison par imposition des mains à son animal de compagnie, bien qu'il soit conseillé de consulter un vétérinaire. On connaît de nombreux exemples d'animaux de compagnie ayant réagi presque miraculeusement à la guérison administrée par leurs propriétaires, de même qu'aux remèdes homéopathiques et floraux.

Outils paranormaux

Que sont les outils paranormaux ?

Pour simplifier, un outil parapsychologique est un objet ou une méthode permettant d'établir une forte connexion avec l'intuition et les mondes spirituels, une sorte de pont entre la réalité quotidienne et l'esprit. L'outil en tant que tel – cristal, pendule – ouvre la voie des facultés paranormales, leur permettant donc de prendre leur envol. On peut imaginer que le pendule ou le cristal agit, alors qu'en réalité c'est l'individu qui s'en charge. L'outil choisi ne fait que monter les résultats de l'action des facultés paranormales.

Au fur et à mesure qu'on progresse et qu'on prend de l'assurance quant à l'utilisation de ces facultés paranormales et la foi en elles, on peut se dispenser de nombre d'outils mentionnés dans ce chapitre. Par exemple, les chakras des mains (voir pages 64 et 65) peuvent devenir si sensibles que le pendule deviendra superflu pour percevoir l'énergie ou déterminer par la radiesthésie l'aliment approprié.

TROUVER CE QUI CONVIENT

Il est conseillé d'expérimenter avec les différents outils jusqu'à trouver les plus adaptés. L'individu montrera sans doute une grande affinité avec certains ou découvrira son don d'utiliser ses facultés paranormales de manière particulière. Aucun outil de ce genre n'est meilleur qu'un autre. Le travail psychique n'est pas une compétition. Il ne comporte pas de

Les cristaux sont des outils paranormaux très efficaces si la personne a une affinité pour eux

hiérarchie rendant certains outils plus spéciaux que d'autres. Chaque outil a ses propres qualités et particularités. Il suffit de trouver les meilleurs pour soi, puis de développer la relation avec eux afin de pouvoir s'en servir avec confiance, enjouement et succès.

Les lames du Tarot reflètent les dynamiques d'une situation et offrent des aperçus de celle-ci.

Cristaux

Les cristaux sont extrêmement efficaces. Ils véhiculent un immense pouvoir, qu'on peut s'entraîner à détecter avec les mains ou à imaginer. Par exemple, en passant la paume sur une améthyste, on doit percevoir la brise fraîche qu'elle émet.

Les cristaux ont été engendrés par les forces géophysiques des entrailles de la Terre à chaque fois que sa croûte a été soumise à d'énormes pressions. Ils renferment le souvenir de ces forces extraordinaires, ce qui leur confère une grande puissance.

ACHETER DES CRISTAUX

On peut disposer de cristaux sans le savoir : les bijoux sertis de diamants, de saphirs, d'émeraudes, de rubis ou d'améthystes, sont un excellent moyen de travailler avec eux. On peut aussi acheter des cristaux sous différentes formes, pierres roulées, géodes (roches

Une pointe de cristal a de multiples usages. Choisissez-en une qui vous attire.

creuses à l'intérieur parsemé de cristaux) ou pierres brutes.

L'idée que plus le cristal est grand, plus son pouvoir est notable, est fausse. Les petits cristaux sont tout aussi puissants et, de plus, sont faciles à emporter partout avec soi.

En visitant les magasins spécialisés, on se familiarise avec la sensation des différents cristaux et on peut obtenir des informations sur des cristaux spécifiques, par exemple sur ceux offrant une protection psychique. On peut acheter des cristaux par Internet, mais il faut s'assurer qu'ils seront repris si leur énergie ne convient pas.

Il est essentiel de choisir le bon cristal. Même si l'on croit choisir le cristal, c'est plutôt le contraire. Par exemple, un cristal plus luisant ou plus beau que les autres attire le regard ou un autre saute presque dans sa main quand on cherche parmi plein d'autres

Si on cherche un cristal pour un chakra particulier (voir pages 64 à 81), il faut en choisir un de la couleur associée.

La dimension d'un cristal n'a aucun rapport avec son efficacité.

ENTRETENIR LES CRISTAUX

Comme les cristaux absorbent l'énergie qui les entoure, ils conviennent parfaitement à la guérison. Il est très important de les nettoyer, car ils se sont chargés de l'énergie des gens qui les ont touchés. Une purification périodique est nécessaire pour garder les cristaux en bon état énergétique.

Certains cristaux peuvent être lavés sous l'eau courante, alors que d'autres se dissoudront dans l'eau. En cas de doute, purifiez les cristaux en les laissant sous les rayons de la lune ou en imaginant qu'ils baignent dans une lumière blanche.

Vérifiez s'il est possible de laver les cristaux à l'eau. Certains risquent d'être endommagés par ce genre de traitement.

Consacrer le cristal

Avant de commencer à travailler avec un cristal, on doit lui dire ce qu'on veut qu'il fasse. Après l'avoir purifié, on le tient et on lui envoie des pensées affectueuses. On imagine ensuite la lumière se déversant en lui depuis le chakra du troisième œil (voir pages 76 et 77). Au moment où on est prêt, on dit à haute voix : « Je consacre ce cristal à [précisez ce qui est nécessaire]. Puisse-t-il travailler pour le plus grand bien de toutes les personnes concernées. » Cette consécration doit être répétée tous les jours et à chaque fois qu'on travaille avec le cristal, afin d'accroître son pouvoir.

PROPRIÉTÉS DU CRISTAL

Chaque cristal est associé à diverses couleurs et propriétés et dispose d'attributs curatifs spécifiques. Voici les cristaux de guérison les plus connus.

Quartz clair

Cristal universel, renferme toutes les couleurs du spectre. Très efficace pour la guérison, car c'est un excellent conducteur d'énergie. Approprié pour tous les chakras. Une pointe de quartz clair permet de trouver les zones d'énergie stagnante de l'aura.

Cornaline

La cornaline existe en rouge, en rose, en orange et en brun. Parfaite pour l'ancrage, excellent guérisseur. Confère du courage aux moments difficiles. Pierre puissante pour la guérison du chakra racine.

Citrine

Comme sa couleur le suggère, ce cristal orange réconfortant et enjoué confère une grande énergie et encourage l'optimisme. Excellent pour attirer la prospérité à tous les niveaux. Pierre puissante pour la guérison, spécialement lorsqu'elle agit sur les chakras du plexus solaire, du cœur et couronne.

Tourmaline noire

Cette belle pierre est excellente pour l'ancrage et la protection psychique. Gardée dans une poche en cas de conflit avec autrui, elle protégera des pensées négatives. Cristal excellent à utiliser sur le chakra racine.

Améthyste

Traditionnellement, l'améthyste préservait de l'ivresse. Instille un fort sentiment de calme et de paix. Pierre bénéfique pour la guérison, surtout

Quartz clair

Cornaline

Citrine

Tourmaline noire

quand l'excitation empêche de dormir. Bon cristal à utiliser sur le chakra de la gorge.

Lapis-lazuli

Cette belle pierre bleue intensifie les facultés paranormales et aide à entrer en contact avec les esprits guides à travers le chakra du troisième œil. Lié au chakra de la gorge, le lapis-lazuli convient pour encourager toutes les formes de communication.

Quartz rose

Très joli cristal, encourageant surtout l'amour inconditionnel et la compassion. Il est par conséquent lié au chakra du cœur et guérit les problèmes physiques ou émotionnels en rapport avec celui-ci. Bénéfique à des moments de crise, car il instille un sentiment de calme.

Topaze

La topaze existe en plusieurs couleurs, jaune, marron, bleu, vert. Pierre pour la guérison des troubles digestifs, également excellente pour l'amélioration de la sagesse et de l'intuition. De plus, fortifie les affirmations et aide la manifestation des objectifs. Pour la guérison, elle est accordée au chakra sacré.

Calcite

Ce cristal existe dans une diversité de couleurs, du rouge au vert. Purifiant très efficace, depuis l'atmosphère d'une pièce jusqu'à un état mental ou émotionnel. Contribue aussi à transformer les idées en réalité, donc elle convient au travail pour la prospérité et à la visualisation créative, Intensifie efficacement les facultés paranormales. La calcite orange a une grande affinité avec le chakra sacré.

Améthyste

Lapis-lazuli

Quartz rose

Topaze

Calcite

Rhabdomancie

La rhabdomancie est très ancienne. Très simple, elle est remarquablement efficace. Les entreprises de gestion de l'eau s'en servent pour détecter les fuites des conduits, les sociétés pétrolifères pour trouver de nouveaux gisements, les éleveurs de volailles pour trier rapidement les œufs produisant des poules (l'oscillation du pendule précise le sexe). Dans la vie de tous les jours, cette méthode aide à retrouver des objets égarés ou obtenir une réponse à certaines questions. En fait, la rhabdomancie est extrêmement adaptable, même pour choisir les aliments appropriés pour une personne.

COMMENT LA PRATIQUE-T-ON ?

La rhabdomancie se sert soit d'une paire de baguettes, soit d'un pendule. Lorsqu'il trouve l'objet de sa quête, l'instrument réagit dune manière spécifique. Par exemple, le pendule commence à tourner dans le sens des aiguilles d'une montre, les baguettes s'élèvent ou se croisent. Si les chakras des mains (voir pages 64 et 65) sont très sensibles, on peut se passer complètement de baguettes ou de pendule et n'utiliser que ses mains.

UTILISER UN PENDULE

Le pendule, en laiton, en bois ou en cristal, est suspendu à un fil. Le matériau dont il est fait importe peu, à condition qu'il soit symétrique (afin de ne pas déformer le fil) et assez lourd pour osciller correctement et acquérir une bonne vitesse. Le fil doit être assez long pour lui permettre d'osciller facilement. Comme pour les autres outils paranormaux, le choix du pendule implique le sentiment qu'il soit approprié pour celui qui l'utilise.

Consacrez du temps à vous exercer au pendule, afin d'en obtenir toujours des réponses correctes.

PRATIQUE DU PENDULE

Pour utiliser correctement le pendule, il faut pratiquer jusqu'à connaître précisément ses indications : les réactions « oui », « non », « question inutile », « cherche ». Les deux premières sont évidentes, « cherche » signifie que le pendule est en train de rechercher ce qu'on lui a demandé de découvrir. La réaction « question inutile » peut sembler superflue, mais on doit savoir quand le pendule ne peut pas répondre, afin de ne pas interpréter de façon erroneé sa réaction.

Par exemple, si on pose au pendule une question à réponses multiples, comme : « Qu'est-ce qui me convient le mieux, le café ou le thé ? », il répondra « question inutile », autrement dit ne pourra pas donner une réponse cohérente. La question devra être formulée d'une autre manière. Parfois, la réponse « question inutile » apparaît sans raison. Dans ce cas, le pendule ne coopère pas (et on doit continuer à pratiquer jusqu'à bien le maîtriser), soit la question a déjà eu sa réponse d'une manière qu'on n'a pas saisie.

1 **Réponse « oui ».** Tenez doucement le fil entre le pouce et l'index, puis demandez au pendule mentalement ou à haute voix de montrer son oscillation correspondant à « oui ». Faites-le bouger. Observez son mouvement suivre un modèle spécifique, tel qu'une rotation régulière dans le sens des aiguilles d'une montre. Dans l'idéal, le pendule se comportera toujours de la même manière. Dans le cas contraire, arrêtez et réessayez. Il est très important d'imposer au pendule votre direction. Continuez cet exercice jusqu'à obtenir toujours le même mouvement pour « oui ».

2 **Réponse « non ».** Répétez l'exercice, en demandant la réponse « non ». Utilisez exactement la même technique que pour la réponse « oui », en cherchant une oscillation différente. Par exemple, si « oui » est une rotation régulière dans le sens des aiguilles d'une montre, « non » peut être un mouvement elliptique dans le sens contraire. Ces deux oscillations doivent toujours être visiblement distinctes.

3 **Réponses « cherche » et « question inutile ».** Continuez de même pour les réponses « cherche » et « question inutile ». « Cherche » est souvent une oscillation large, comme si le pendule tâte l'espace pour trouver l'objet désiré. « Question inutile » est en général un mouvement hésitant.

4 Les quatre réponses connues, affinez la maîtrise du pendule. Demandez-lui une réponse « non », puis une réponse « oui ». Plus vous pratiquez ainsi avec lui, plus il deviendra efficace.

GARDER L'ESPRIT CLAIR

En utilisant le pendule, on ne doit pas se laisser distraire. Si on est trop impliqué émotionnellement dans une question (« M'aime-t-elle ? » entre a priori dans cette catégorie), la réponse en sera affectée. Il est important d'avoir l'esprit clair en attendant la réaction du pendule.

Les pendules ont de nombreuses tailles et formes. Choisissez celui avec lequel vous pouvez travailler.

TRAVAILLER AVEC LE PENDULE

Lorsqu'on se sent parfaitement à l'aise avec le pendule, le moment est venu de l'utiliser. Plus on pratique, plus on acquiert de l'expérience. Avant de lui poser une question, il faut toujours effectuer quatre essais (voir pages 168 et 169), pour vérifier que ses oscillations n'ont pas changé depuis sa dernière utilisation.

Le pendule peut être consulté à propos d'autres sujets, en dehors de ceux personnels. Par exemple, déterminer les remèdes floraux les plus appropriés un jour particulier, trouver sur une carte la meilleure zone où rechercher une nouvelle maison, retrouver des objets égarés. Par exemple, si on n'arrive pas à retrouver l'étui de ses lentilles de contact, il suffit de se tenir tout à tour sur le seuil de chaque pièce et utiliser le pendule. Une fois dans la bonne pièce, tournez autour avec le pendule jusqu'à ce qu'il oscille pour dire « oui ».

Le pendule est particulièrement utile quand on cherche un objet égaré.

Remèdes des fleurs

L'art d'utiliser les remèdes des fleurs est aussi vieux que l'humanité, bien qu'il ne soit revenu dans l'actualité que vers les années 1930, lorsqu'un médecin et bactériologiste britannique a exploré le potentiel curatif des fleurs : le Dr Edward Bach, connu dans le monde entier pour ses 38 remèdes floraux.

Le Dr Bach prescrivait les plantes susceptibles de guérir un patient en fonction de la personnalité de celui-ci plutôt que de ses symptômes. Son propre corps était si sensible qu'il était capable de déterminer les plantes nécessaires par un simple toucher et l'observation des effets qu'elles avaient sur lui-même.

DISTILLATION DE L'ESSENCE

Au début, le Dr Bach avait décidé de collecter la rosée s'accumulant sur les fleurs à l'aube, qui renfermait l'essence de la plante. Il s'était rendu rapidement compte du côté malcommode de la tâche. Il a donc choisi de placer les fleurs dans un bol d'eau et de les laisser quelques heures au soleil. L'eau se chargeait ainsi de l'essence de la plante et devenait très puissante.

Dr Bach a fini par trouver 38 plantes qui, ensemble, formaient un système

La pipette ne doit pas toucher la bouche ou la langue lorsqu'on prend un remède des fleurs.

Beaucoup de remèdes des fleurs sont aussi efficaces pris purs ou dilués dans l'eau.

parfait de guérison des problèmes émotionnels, depuis la possessivité jusqu'au détachement émotionnel, depuis la timidité jusqu'à l'exubérance excessive. Prescrits en fonction de l'état émotionnel du patient au moment de la consultation, les remèdes pouvaient être utilisés en combinaison. Les résultats étaient spectaculaires, car les affections physiques des patients disparaissaient.

AUTRES SYSTÈMES

La popularité des remèdes du Dr Bach s'est progressivement accrue et a inspiré la création d'autres gammes de remèdes des fleurs et d'essences dans le monde entier. En Australie, Ian White a passé des années à étudier les plantes du bush. Actuellement, il existe 50 essences florales du bush australien, ainsi que des combinaisons d'essences à visée spécifique, comme l'élimination des fardeaux émotionnels ou la création de l'abondance.

COMMENT AGISSENT LES REMÈDES DES FLEURS ?

Au premier abord, il est difficile de croire qu'une solution très diluée d'eau florale contenue dans une petite bouteille brune peut avoir un impact fort sur quelqu'un, au point même de guérir ses problèmes physiques. Les remèdes des fleurs agissent sur le plan énergétique et vibrent à une vitesse très élevée, si bien que leur effet positif sur l'aura est très rapide. En s'autotraitant avec des remèdes des fleurs, on constate souvent que l'émotion traitée s'estompe lorsqu'on le prend ou quand on s'en frotte la peau. Même le simple fait de penser le fait agir.

COMMENT LES PRENDRE ?

On peut se servir des remèdes des fleurs de deux manières. La première est

l'ingestion, soit en faisant tomber les gouttes directement sur la langue, soit en les mélangeant à une boisson, eau ou thé. La deuxième est la friction de la peau ou l'ajout dans l'eau du bain.

La plupart des remèdes peuvent être dilués à partir du flacon acheté, mais il faut toujours vérifier les indications du fabricant. Si un remède est à prendre pendant plusieurs jours, il est préférable d'en préparer un flacon compte-gouttes : 25 ml d'eau de source fraîche plus le nombre conseillé de gouttes du remède. La dose conseillée est généralement de 4 gouttes aussi souvent que désiré, au minimum 4 fois par jour, jusqu'à ne plus en sentir le besoin ou jusqu'à ce que le flacon soit vide.

CHOISIR SES REMÈDES

Plusieurs milliers de remèdes des fleurs sont actuellement sur le marché dans le monde, en plus des élixirs de gemmes, préparés en plongeant des cristaux dans l'eau. Pour trouver les plus appropriés pour soi, il faut expérimenter, en fonction de ses besoins au moment respectif.

À gauche : Versez un remède floral dans le bain pour ne pas ingérer l'alcool qui sert de conservateur.

Créez un élixir de gemmes en laissant un cristal baigner dans un bol d'eau.

Écriture automatique

Lorsqu'on pratique l'écriture automatique, on s'accorde à quelque chose de supérieur – peut-être un esprit guide, peut-être son propre inconscient. C'est seulement en analysant le résultat qu'on sera fixé sur l'interlocuteur.

QU'EST-CE L'ÉCRITURE AUTOMATIQUE ?

À l'origine, les gens pratiquaient l'écriture automatique en tenant un crayon au-dessus d'une feuille de papier, dans l'attente que leur main bouge

Véritable communication spirituelle

Dans quelques rares cas, l'écriture automatique implique la présence d'un esprit guide partiellement matérialisé, qui guide la main de la personne. C'est littéralement cet esprit qui écrit, mais c'est là une exception plutôt que la règle. Dans les années 1920, Geraldine Cummins était une médium célèbre pour son écriture automatique. Elle recevait des communications censées émaner de Phillippe l'Évangéliste, de Cleophas et de F. W. H. Myers.

Un autre exemple connu de communication avec les esprits est le livre *Ma vie au Paradis*, dicté au début des années 1950 à son auteur, Anthony Borgia, par feu monsigneur Robert Benson. À travers l'écriture automatique, ce livre décrivait en détail ce que Benson avait découvert dans le monde des esprits.

d'elle-même. Une autre méthode se servait d'une planchette montée sur roulettes, avec un crayon encastré, qui se déplaçait sur la feuille lorsqu'une personne le touchait. L'écriture ainsi produite était toujours différente de celle de cette personne.

La première tentative d'écriture automatique peut ne pas donner de grands résultats, mais ceux-ci s'amélioreront avec le temps.

Actuellement, on pratique l'écriture automatique sur ordinateur, ce qui exige cependant une bonne connaissance du clavier. Si on s'arrête pour chercher les lettres, le message ralentit, ce qui rend conscient de ce qu'on écrit, alors que l'écriture automatique utilise l'individu comme canal de transmission. Si on est conscient de ce qu'on écrit, on risque de bloquer, de contrôler ou de modifier inconsciemment le message.

PRATIQUER L'ÉCRITURE AUTOMATIQUE

Comme pour toute autre technique décrite dans ce livre, il faut s'assurer d'être ancré, équilibré (voir pages 24 et 25) et protégé (voir pages 104 à 109) avant de commencer à pratiquer l'écriture automatique. Comme l'interlocuteur est inconnu, on doit se protéger de tout esprit malicieux qui prendra plaisir à envoyer de fausses informations. L'écriture automatique n'est pas une pratique à aborder à la légère, car on traite potentiellement avec une force bien plus puissante que soi. Il faut de la patience, car les premières tentatives risquent de ne pas aboutir. Les choses s'amélioreront avec le temps.

1 Trouvez un moment où vous ne serez pas dérangé. Asseyez-vous à l'aise, une feuille de papier posée sur vos genoux ou sur la table devant vous. Assurez-vous que le stylo fonctionne ou que le crayon est bien taillé.

2 Ancrez-vous, équilibrez-vous et protégez-vous. Récitez une courte prière si le cœur vous en dit.

3 Quand vous êtes prêt, tenez le stylo ou le crayon au-dessus de la feuille et demandez à un esprit guide de se rapprocher. Soyez persuadé qu'il est avec vous, même si vous ne percevez rien. Posez-lui quelques questions simples : son nom, la manière dont il peut vous aider. Notez toute réponse, même si vous avez l'impression que c'est l'œuvre de votre imagination. En les écrivant, ne tentez pas d'analyser les réponses reçues. Arrêtez après quelque 30 minutes.

4 Remerciez les guides d'avoir été avec vous et fermez vos chakras (voir pages 188 et 189). Lisez ensuite ce que vous avez écrit. Même si vous êtes très intéressé par les messages reçus, faites preuve de discernement à leur égard. Les esprits ne donnent jamais d'ordres ni ne critiquent. Tout message de ce genre doit être écarté.

Interrogation de l'avenir et boule de crist

Les hommes ont interrogé l'avenir pendant des millénaires. La technique présentée ici est très simple – une surface polie sert de toile de fond des visions regardées de la même manière que l'examen des zones du corps humain pour en percevoir l'aura (voir pages 84 et 85).

Jadis, dans la Grèce antique et dans l'Égypte ancienne, on pratiquait la divination dans un bol d'eau, méthode encore utilisée de nos jours.

Comme les alchimistes, on peut utiliser un miroir ou une boule de cristal.

INTERROGATION DE L'AVENIR AVEC L'EAU

Beaucoup de médiums de Chine et du Moyen-Orient interrogent l'avenir en se servant d'un bol d'eau. La taille du bol est déterminée par des essais. Son intérieur doit être dépourvu de

Il faut du temps pour s'entraîner à interroger l'avenir. N'attendez pas des résultats immédiats.

décorations risquant de déformer les images ou de suggérer des idées. Le bol parfait est en verre ou en métal, créant une surface réfléchissante. On peut aussi interroger l'avenir avec un verre d'eau, réservé uniquement à cet unique usage pour éviter l'absorption de l'énergie d'autrui.

L'eau doit être claire et fraîche. On peut la bénir pour changer sa fréquence énergétique ou intensifier son pouvoir parapsychique en la laissant sous les rayons du soleil ou de la lune.

INTERROGATION DE L'AVENIR AVEC UN MIROIR

John Dee, astrologue et magicien élisabéthain, se servait d'un miroir dont le dos était noir. On peut fabriquer son propre miroir noir en retirant le verre d'un cadre et en recouvrant l'un de ses côtés de plusieurs couches de peinture noire. La peinture séchée, le verre est remis dans son cadre.

Lorsqu'on utilise un miroir pour interroger l'avenir, on doit le regarder de côté pour ne pas être distrait par son propre reflet. Quand le miroir n'est pas utilisé, il doit être couvert pour ne pas absorber l'énergie de son environnement.

Lorsqu'on interroge l'avenir avec un miroir, il faut le positionner de sorte à ne pas voir votre propre reflet.

INTERROGATION DE L'AVENIR AVEC UNE BOULE DE CRISTAL

Les boules de cristal existent dans de nombreuses tailles. Il est important d'utiliser celle qui semble la plus appropriée : grande ou petite, claire, opaque ou colorée, parfaite ou présentant quelques imperfections.

Après l'avoir ramenée chez soi, la boule doit être nettoyée en douceur avec de l'eau chaude savonneuse et séchée avec un tissu doux. Son propriétaire doit la manipuler afin de l'imprégner de son énergie. Nul autre ne doit la toucher et la boule doit être gardée enveloppée dans un morceau de soie noir ou pourpre. Plus on l'utilise, plus elle devient réceptive.

COMMENT INTERROGER L'AVENIR

La procédure d'interrogation de l'avenir est identique pour le miroir, l'eau ou la boule de cristal.

1 Assurez-vous de ne pas être dérangé, ancrez-vous et équilibrez-vous comme précédemment (voir pages 24 et 25).

2 Placez le miroir, le bol ou la boule de cristal sur une surface sombre. Diminuez l'éclairage si vous travaillez la nuit. Allumez une bougie et placez-la hors de votre champ de vision périphérique en évitant tout danger d'incendie.

3 Mettez vos mains en coupe autour du miroir, du bol ou de la boule de cristal. Prenez quelques respirations profondes et demandez à votre esprit guide de vous aider pour la lecture. Si vous avez une question, posez-la.

4 Regardez dans le miroir, le bol ou la boule et gardez l'esprit clair. Notez toute sensation ou pensée qui surgit, ainsi que toute image visualisée ou apparaissant sur la surface du support utilisé pour interroger l'avenir.

5 Arrêtez après environ 20 minutes. Notez vos expériences.

Fonder un cercle psychique

Les personnes désireuses de développer leurs facultés paranormales peuvent se réunir pour fonder un cercle psychique. En travaillant en groupe, l'énergie parapsychique individuelle s'intensifie et les progrès mutuels des participants sont mutuellement encourageants.

Par leur nature même, les cercles psychiques attirent les personnes sensibles. Il est important que chacun se sente à l'aise. Dans l'idéal, aucun conflit de personnalités ne perturbera l'énergie du groupe ni ne provoquera des distractions inutiles.

CRÉER UN CADRE DE TRAVAIL

La création d'un cadre structuré de travail dans le cercle psychique est importante, car ainsi chacun saura ce qu'il doit faire. Si le groupe saute d'un sujet à un autre, il fera du surplace. Il est préférable d'établir d'avance un

Votre cercle psychique doit se réunir à la même heure toutes les semaines.

programme, afin que chaque membre du cercle se prépare mentalement à la réunion suivante, même si ce n'est que sur un plan inconscient.

DONNER LE TON

Si on désire fonder un cercle psychique, il est essentiel de savoir ce qu'on fait et de traiter l'ensemble du processus avec respect. Ce n'est pas un jeu de salon, il faut avancer avec prudence et bonnes intentions. Les membres d'un cercle psychique attireront des esprits qui travailleront avec eux. Il est donc préférable que ces esprits soient aussi éclairés et inoffensifs que possible. L'une des meilleures manières de s'en assurer est de vérifier que les personnes participantes ne présentent pas non plus de danger.

Bien qu'on puisse imaginer automatiquement que toute personne intéressée dans les poursuites spirituelles est agréable, ce n'est malheureusement pas toujours le cas. Le fondateur du cercle psychique a intérêt à s'entretenir avec chaque postulant avant de l'accepter. Le tri peut sembler sévère, mais le groupe risque d'être déséquilibré si une personne veut être constamment sous les feux de la rampe, se montre jalouse des progrès des autres ou applique la politique « diviser et régner ».

OUVRIR LA SÉANCE

Quelques semaines sont généralement nécessaires aux membres pour s'accorder aux énergies les uns des autres. Les liens ainsi créés seront très forts. Avant chaque réunion, les gens se réuniront ailleurs que dans la salle de travail, pour séparer l'aspect social du groupe de son côté sérieux.

Pour chaque réunion, on doit toujours suivre le programme établi (voir page 188). Même si certains points du programme sont modifiés (en ayant prévenu tout le monde), les rituels d'ouverture et de clôture sont invariables. Les participants s'asseyent en cercle, assez proches pour joindre leurs mains si nécessaire. Il est préférable que chacun s'installe à une même place lors de toutes les réunions, pour accroître le sentiment de familiarité. Les pieds touchent le plancher pour induire une bonne énergie d'ancrage. Si un participant est trop petit pour y arriver, il posera ses pieds sur un coussin.

Après chaque réunion, les gens partagent leurs expériences.

Le cercle s'ouvre et se ferme toujours par une prière pour la protection psychique et la demande que tout soit fait pour le plus grand bien des présents. En ouvrant le cercle, on peut inviter les esprits guides de tous à se rapprocher et à se joindre (sans oublier de les remercier pour leur aide à la fin de la séance).

CHOISIR UN PROGRAMME

C'est aux membres de décider ce qu'ils veulent faire dans le cercle psychique. Beaucoup de groupes obtiennent de bons résultats par la méditation (silencieuse, visualisation guidée) puis en discutant brièvement les expériences. Ensuite, par des activités comme la psychométrie (voir pages 364 à 369), la lecture du Tarot (voir pages 192 à 199) ou certaines formes de télépathie (voir pages 374 à 377) on pratique le développement des capacités parapsychique.

À la fin de la séance, une forte énergie remplit la pièce, utilisable pour la guérison à distance (voir pages 150 à 153). Le processus est très efficace si une personne fournit la visualisation guidée et chacun prononce à son tour le nom de ceux à qui il destine la guérison.

CLORE LES CHAKRAS

Il est essentiel pour tous les participants de clore leurs chakras et de s'ancrer à la fin d'une séance. Dans le cas contraire, leurs chakras resteront grand ouverts, très sensibles à ce qui se passe autour d'eux et vulnérable aux interférences des entités désincarnées.

Lors d'une cérémonie de clôture simple, le chef du groupe dirige les autres à travers le processus. Tout le monde ferme les yeux, puis suit les instructions pour clore tour à tour ses chakras à partir du chakra couronne, comme une fleur fermant ses pétales. Une fois son chakra racine fermé, chacun s'imagine baigné d'une lumière dorée qui écarte toute énergie psychique

La psychométrie est un excellent exercice pour tous les membres d'un cercle psychique.

résiduelle. Il s'ancre ensuite en visualisant des racines s'enfonçant depuis la plante de ses pieds dans les profondeurs de la Terre. Lorsqu'il se sent ancré, il peut s'étirer, prendre une respiration profonde et revenir progressivement à la conscience normale.

Après la séance, les participants pourront discuter et comparer leurs sensations.

Si vos pieds ne touchent pas le plancher, placez-les sur un coussin pour qu'ils soient parfaitement ancrés.

Indications utiles

Voici quelques suggestions utiles pour fonder un cercle efficace :

• Le groupe doit se réunir régulièrement : de préférence une fois par semaine. Chacun doit faire de son mieux pour y assister, car ceux qui vont et viennent perturbent l'énergie de tous les autres.

• La réunion doit se tenir toujours au même endroit et à la même heure, pour qu'un sentiment de continuité s'installe. L'utilisation du même lieu incitera les esprits guides de tous les membres à visiter le groupe, en sachant qu'il s'agit d'un événement régulier.

• Chaque participant doit contribuer toutes les semaines d'une petite somme qui aidera à payer les salles de réunion et les dépenses supplémentaires, électricité, chauffage, boissons. De plus, cela incitera les membres à aborder avec sérieux le groupe.

• Il faut choisir un chef du groupe, qui aura la responsabilité de prévenir les membres de tout changement de plan d'une semaine à une autre. Il peut être différent chaque semaine ou mois.

• Il faut décider d'une heure précise de début et la respecter. Nul ne doit arriver en retard, car cela perturbera l'atmosphère. Les retardataires devront attendre une pause avant de se joindre au reste du groupe. Nul ne doit se précipiter dans la pièce et interrompre une méditation de groupe.

• Mieux vaut éviter l'alcool avant une réunion, car il brouille les perceptions et est susceptible d'attirer des entités désincarnées désagréables. Il en est de même pour les repas copieux, car le corps se concentrera sur la digestion, ce qui induira la somnolence.

Le Tarot

Le Tarot garde encore sa forte aura de mystère et de secret. Ses origines sont voilées par les brumes du temps, bien qu'il soit connu depuis l'époque médiévale. Sa popularité s'est accrue à la fin du XIXe siècle, lorsque l'intérêt pour l'occultisme avait exploré toutes les formes de celui-ci. De nous jours, le Tarot connaît un nouvel essor.

QU'EST-CE QUE LE TAROT ?

Le Tarot est un jeu de 78 lames, divisé en l'Arcane majeur (22 lames) et l'Arcane mineur (56 lames). L'Arcane majeur raconte en fait le passage de l'individu à travers la vie et parle de certains des défis que celui-ci rencontre sur son chemin. Il débute par le Fou, qui prend la route de la vie avec une innocence et un enthousiasme enfantins, et s'achève avec le Monde, où la roue du karma (la loi de la cause et de l'effet) revient à sa position de départ. L'Arcane

Il est essentiel de travailler avec un jeu de Tarot qui vous attire et qui est facile à interpréter.

majeur est toujours illustré par des images reflétant la signification des lames.

L'Arcane mineur est divisé en quatre suites de 14 lames chacune. Chaque suite (coupes, bâtons, épées et pentacles) consiste en dix points et quatre atouts. On considère que l'Arcane mineur est le précurseur des jeux ordinaires comportant 52 cartes (où chaque suite comprend seulement trois atouts). L'Arcane mineur traite en détail des situations de la vie : établir des plans, gérer la perte, les inquiétudes, la prospérité, la satisfaction. Dans certains jeux de Tarot, toutes les lames de l'Arcane mineur sont illustrées, dans d'autres, les points sont dépourvus d'images.

TRAVAILLER AVEC LE TAROT

Pour travailler avec le Tarot, on doit commencer par mémoriser la signification des 78 lames. Certains se servent uniquement des 22 lames de l'Arcane majeur, en ignorant les lectures détaillées, riches en ombres et en lumières, obtenues en utilisant l'ensemble du jeu.

Dans un étalement du Tarot, la position de chaque lame a une signification particulière.

Les lames sont disposées dans des étalements particuliers. La signification de chaque lame est interprétée par rapport à sa position dans l'étalement. La lecture peut être effectuée pour soi-même ou pour une autre personne. Avec de la pratique, les lectures deviennent plus riches et plus intuitives.

Ci-après sont présentées de brèves interprétations de chacune des lames. Tout un chacun peut les développer, en se servant de son intuition ou en consultant un manuel détaillé de Tarot.

L'Arcane majeur

Lame	Signification
Le Fou	Nouveau départ, avec optimisme et confiance juvénile.
Le Magicien	Plus de pouvoir et d'adaptabilité que vous le pensez.
La Grande prêtresse	Notez vos rêves, intuitions et direction intérieure. Fiez-vous à vos instincts.
L'Impératrice	Moment de créativité et d'abondance sur tous les plans.
L'Empereur	Acceptez votre autorité et reconnaissez votre pouvoir.
L'Hiérophante	Adoptez une approche conventionnelle, traditionnelle et prudente des situations.
Les Amoureux	Fort lien ou choix émotionnel.
Le Chariot	Affrontez le travail ardu et les expériences difficiles avec décision.
La Force	Pour triompher, exploitez la force de votre objectif.
L'Hermite	Une certaine forme d'illumination, spirituelle ou d'éclairage éducatif.
La Roue de la Fortune	Une situation est sur le point de se modifier. Rien ne reste pareil.
La Justice	Comportez-vous de manière juste et équilibrée. Ne jugez pas les autres.

Lame	Signification
Le Pendu	Vous devez analyser une situation depuis un angle différent.
La Mort	Moment d'intense changement psychologique et de transformation.
La Tempérance	Faites entrer plus d'équilibre et de modération dans votre vie.
Le Diable	Vous êtes esclave d'une situation, mais vous pouvez vous en affranchir.
La Maison Dieu	Des événements inattendus spectaculaires feront perdre l'honneur et la fortune.
L'Étoile	Un rêve peut devenir réel ou une situation difficile s'alléger. Aussi, rétablissement après une maladie.
La Lune	Les choses ne sont pas ce qu'elles semblent être. Risque de désillusion et de confusion.
Le Soleil	Plus de joie, de créativité et de satisfaction.
Le Jugement	Ne jugez pas trop durement les autres. Une certaine forme de renaissance est possible.
Le Monde	La réussite dans le monde ou la fin d'un cycle et le début d'un autre.

L'Arcane mineur : Bâtons

Lame	Signification
As	Nouveau projet stimulant et hardi, des vacances ou un voyage.
Deux	Faites le point de ce vous avez accompli et de ce qui reste à faire.
Trois	Vous avez beaucoup accompli, mais la route est encore longue.
Quatre	Célébrez vos réalisations après une période de travail ardu.
Cinq	La vie est un combat. Dans cette phase, rien ne va comme prévu.
Six	Succès. Meilleures perspectives d'emploi ou un statut supérieur.
Sept	Triomphez de la compétition et de la concurrence en faisant plus d'efforts.
Huit	La vie est trépidante et les choses arrivent vite. Un voyage est probable.
Neuf	Vous connaissez des moments difficiles. Ne prenez pas des risques.
Dix	Vous êtes chargé d'un lourd fardeau, qui peut cependant être allégé.
Valet	Une jeune personne vive, une nouvelle entreprise ou idée stimulante.
Cavalier	Une forme de voyage ou quelqu'un plein de bonnes idées.
Reine	Quelqu'un qui combine la direction d'une maison avec d'autres intérêts.
Roi	Quelqu'un de vif, d'enthousiaste, débordant de projets.

L'Arcane mineur : Pentacles

Lame	**Signification**
As	Nouvelle entreprise ou toute chose matérielle de valeur.
Deux	Vous jonglez avec vos finances ou votre temps. Trouvez l'équilibre.
Trois	La division entre les premières étapes d'un projet et les suivantes.
Quatre	Sécurité financière, mais répugnance à prendre des risques ou à laisser tomber la routine.
Cinq	Ne vous laissez pas prendre dans des problèmes au point de ne plus savoir ce qui se passe autour de vous.
Six	Bientôt, vous donnerez ou recevrez de l'argent.
Sept	Faites-vous le meilleur usage de votre savoir-faire et de vos dons ?
Huit	Époque d'apprentissage. Découvrez un nouveau talent en vous.
Neuf	Triomphe et fierté dans vos réalisations. Possible déménagement.
Dix	Complétude. Abondance, réussite, vie familiale heureuse.
Valet	Jeune personne fiable, ou apport d'une petite somme d'argent.
Cavalier	Situation qui s'enlise. Personne prudente.
Reine	Quelqu'un qui réussit dans les affaires, très travailleur.
Roi	Quelqu'un qui connaît la prospérité matérielle.

L'Arcane mineur : Épées

Lame	Signification
As	Nouvelle idée accaparante. Décision difficile ou inquiétude.
Deux	Incapacité à progresser par peur de regarder ce qui est erroné.
Trois	Moment triste, souvent lié à la trahison, à la défection ou à la tromperie.
Quatre	Repos bien mérité après une période de travail ardu ou de maladie.
Cinq	Le besoin d'accepter vos limitations et le risque de perdre la face.
Six	La période difficile s'achèvera bientôt. Parfois, un changement de lieu.
Sept	Améliorez votre tactique et utilisez votre intelligence.
Huit	La peur empêche de vous libérer de votre situation actuelle.
Neuf	Les inquiétudes planent sur vous, mais la situation est moins mauvaise qu'elle le paraît.
Dix	Fin difficile d'un cycle, débouchant sur des époques plus positives.
Valet	Lisez attentivement les petits caractères d'un contrat. Jeune personne astucieuse.
Cavalier	Situation qui se déroule au pas de course.
Reine	Leçons précieuses apprise à travers l'adversité.
Roi	Besoin de consulter un expert.

L'Arcane mineur : Coupes

Lame	Signification
As	Début d'une relation ou d'une union heureuse : un amour.
Deux	Un bon contrat sera bientôt accepté. Partenariat à l'amiable.
Trois	Amitié heureuse, ou soulagement après le règlement d'un problème.
Quatre	Incapacité à apprécier tout ce que la vie offre.
Cinq	Quelque chose finit par un chagrin, bien qu'une partie ait été récupérée.
Six	Le passé. Soit une chose est ranimée, soit quelqu'un est trop nostalgique.
Sept	Plusieurs occasions sont offertes, mais vous devez choisir avec sagesse.
Huit	Dans une relation, une ère s'est achevée. Le moment est venu d'avancer.
Neuf	Bonheur, stabilité et satisfaction. Une ambition sera bientôt réalisée.
Dix	Réalisation merveilleuse apportant satisfaction émotionnelle.
Valet	Jeune personne novatrice ou le début d'une entreprise créative ou spirituelle.
Cavalier	Occasions aux accents créatifs, spirituels ou émotionnels.
Reine	Quelqu'un de compatissant et probablement médium.
Roi	Quelqu'un doté d'autorité, mais s'efforçant de montrer des émotions.

Yi King

Cette forme de divination chinoise est remarquablement instructive, précise et utile. Le *Yi King*, le *Livre des Transformations*, reflète les nombreux changements qui arrivent à l'individu au cours de sa vie. Une lecture Yi King traditionnelle est bien plus compliquée que les interprétations présentées ici, mais elle dépasse l'objectif de cet ouvrage. De nombreux livres traitant du Yi King existent, des plus détaillés aux plus simples.

Pour résumer, lors de la consultation du Yi King on pose une question, puis on lance trois pièces 6 fois. À chaque fois qu'on lance les pièces, on crée une ligne, continue ou interrompue, d'un hexagramme (groupe de six lignes). Lorsque les pièces ont été lancées 6 fois, l'hexagramme est complet. Le tableau de la page 202 permet de déterminer l'hexagramme créé parmi les 64 variantes des pages 203 à 207.

Créez toujours votre hexagramme depuis le bas vers le haut.

Lancer le Yi King

Trois pièces aux côtés face et pile bien distincts, une feuille de papier et un crayon sont nécessaires. Un hexagramme est toujours tracé depuis le bas vers le haut, autrement dit, le premier lancer donne sa sixième ligne (la plus base), le dernier, la première ligne (la plus haute).

Après avoir déterminé les côtés face et pile des pièces, on les lance une première fois et on détermine leur valeur selon les indications ci-après. Par exemple, le premier lancer montre deux faces (chacune d'une valeur de 2) et une pile (d'une valeur de 3). Additionnés, on obtient 7 (2 + 2 + 3), nombre impair, donc une ligne continue. Les pièces sont lancées de nouveau pour créer la ligne suivante de l'hexagramme, et ainsi de suite jusqu'à obtenir les six lignes.

Pile = 2

Face = 3

Nombre pair = ligne interrompue

Nombre impair = ligne continue

Pour trouver un hexagramme, cherchez les 3 lignes supérieures sur les colonnes verticales de ce tableau, et les 3 lignes inférieures sur les colonnes horizontales. La case où ces colonnes se rencontrent est le nombre de l'hexagramme.

Trigrammes supérieurs

Trigrammes inférieurs	Chien ☰	Chên ☳	Kan ☵	Kên ☶	Kun ☷	Sun ☴	Li ☲	Tui ☱
Chien ☰	1	34	5	26	11	9	14	43
Chên ☳	25	51	3	27	24	42	21	17
Kan ☵	6	40	29	4	7	59	64	47
Kên ☶	33	62	39	52	15	53	56	31
Kun ☷	12	16	8	23	2	20	35	45
Sun ☴	44	32	48	18	46	57	50	28
Li ☲	13	55	63	22	36	37	30	49
Tui ☱	10	54	60	41	19	61	38	58

Les hexagrammes

Voici de brèves interprétations des 64 hexagrammes, avec leur nom chinois. Pour élargir leur sens, faites appel à l'intuition ou consultez un traité détaillé de Yi King. Réfléchissez à la manière dont le message du hexagramme répond à la question posée.

1 Chien Tout va bien. Vous aurez du succès.

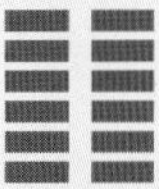

2 Kun Pour réussir, suivez la voie désignée.

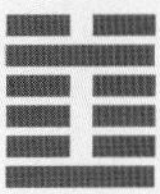

3 Chun Malgré un mauvais départ, l'entreprise réussira.

4 Mêng Quelqu'un a besoin de votre expérience et de votre conseil.

5 Hsü Prenez les choses lentement et doucement. Attendez le bon moment pour agir.

6 Sung Acceptez le compromis et ne soyez pas rancunier.

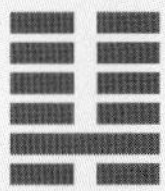

7 Shih Prenez le contrôle de la situation et de vous-même.

8 Pi Le travail d'équipe est meilleur que l'action solitaire.

9 Hsiao Ch'u Soyez patient et réservé, maîtrisez-vous.

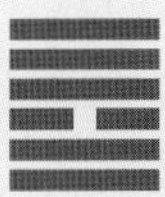

10 Lü Comportez-vous avec justesse et agissez avec prudence.

11 T'ai Les difficultés s'estompent. Votre réputation s'accroît.

12 P'i Vous êtes dans une impasse, car les autres ont été mesquins.

13 T'ung Jên Soyez clair, honnête et honorable dans vos relations.

14 Ta Yu Vous recevrez l'abondance sur plusieurs plans.

15 Chien Mieux vaut être modeste et humble que pompeux.

16 Yü Acceptez l'aide d'autrui en lui confiant votre vision des choses.

17 Sui Votre conscience est votre meilleur guide quant à la manière de vous comporter.

18 Ku Attendez trois jours avant de réparer le dommage des erreurs précédentes.

19 Lin L'approche correcte conduira à la joie et au succès.

20 Kuan Ne perdez pas de temps sur ce qui échappe à votre contrôle.

21 Shih Ho Vous devez surmonter les obstacles avant de réussir.

22 Pi Ne jugez pas les gens ou les projets d'après leur apparence.

23 Po Une chose doit s'achever avant que vous entamiez une autre.

24 Fu Les situations s'améliorent et vous accumulez les victoires.

25 Wu Wang Agissez avec honnêteté et intégrité si vous voulez réussir.

26 Ta Ch'u Multipliez le nombre de personnes avec lesquelles vous travaillez.

27 I Nourrissez les autres et vous-même, mais avec modération.

28 Ta Kuo Une situation devient trop stressante pour vous. Demandez de l'aide.

29 Kun La vie est difficile, mais vous survivrez si vous êtes honnête et calme.

30 Li Inutile de lutter contre l'ordre naturel des choses.

31 Hsien Vous êtes attiré par quelqu'un, mais devez laisser la nature suivre son cours.

32 Hêng La situation présente est la meilleure pour le succès et la prospérité.

33 Tun La retraite planifiée est votre meilleure tactique en ce moment.

34 Ta Chuang Ne confondez pas « peut » et « doit ». Soyez honnête.

35 Chin Agissez pour le bien-être d'autrui aussi bien que pour le vôtre.

36 Ming I Soyez modeste et laissez vos ambitions de côté pour le moment.

37 Chia Jên Si vous voulez réussir, n'essayez pas d'être différent de ce que vous êtes.

38 K'uei De petits pas permettront de surmonter les problèmes actuels.

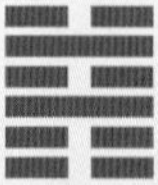

39 Chien Retirez-vous face à un grand obstacle et prenez un autre trajet.

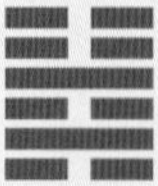

40 Hsieh N'entamez pas de plans inédits, concentrez-vous sur ceux en cours.

41 Sun Limitez sciemment divers domaines de votre vie.

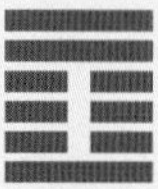

42 I Tout va bien et vous réussirez. Soyez généreux.

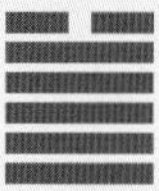

43 Kuai Concentrez-vous sur la vérité, soyez honnête, sérieux et sincère.

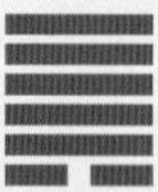

44 Kou Ne nouez pas de partenariat avec des gens rencontrés depuis peu.

45 Ts'ui Rencontrez les autres et montrez-leur votre respect.

46 Shêng Le succès est en route Vous passerez un test haut la main.

47 Kun Acceptez la situation actuelle et soyez optimiste quant à l'avenir.

48 Ching Il y a plus qu'assez. Ne soyez pas avare.

49 Kô Bon moment pour introduire des changements progressifs dans votre vie.

50 Ting Induisez le changement qui nourrira tout monde, vous y compris.

51 Chên Ce qui paraissait un choc conduira une fois de plus à la paix.

52 Kên Restez dans le moment présent. Sachez quand agir et quand vous reposer.

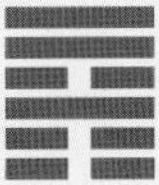

53 Chien Faites les choses dans le bon ordre. L'avancée sera lente mais régulière.

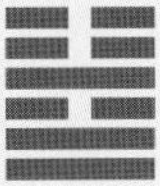

54 Kuei Mei Abandonnez un nouveau projet s'il présente trop d'embûches.

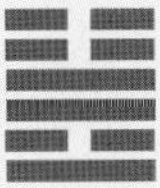

55 Feng Partagez votre bonne fortune avec les autres. Ne craignez pas sa perte.

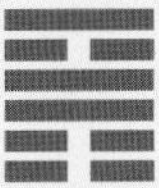

56 Lü La modestie, l'intégrité et la persévérance conduisent à la réussite.

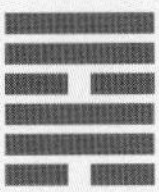

57 Sun Concentrez-vous sur les petites améliorations, pas sur les grands changements.

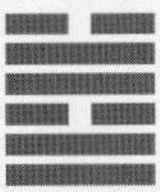

58 Tui La correction et la fermeté conduiront à la joie et à la réussite.

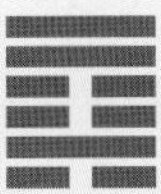

59 Huan La réussite vient de l'attention accordée à ce que vous voulez accomplir.

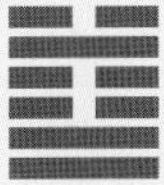

60 Chieh Les limitations vous offriront un cadre de travail stable.

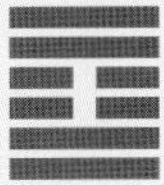

61 Chung Fu Respectez vos convictions et ayez foi en elles.

62 Hsiao Kuo Viser trop haut peut déboucher sur le danger et la déception.

63 Chi Chi Réglez les détails d'un projet presque achevé

64 Wei Chi Ne laissez pas la complaisance mettre en danger un projet actuel.

Runes

Les runes ont un pouvoir particulier et créent une ambiance spéciale. La légende raconte qu'elles sont nées lorsque Odin, le grand dieu nordique, est resté neuf jours et neuf nuits suspendu à Yggdrasil, l'Arbre du monde, tête en bas, sans manger et sans boire, afin d'apprendre les secrets de la vie et de la mort. Il avait ainsi atteint l'illumination et vu les runes éparpillées sur le sol en dessous de lui.

La consultation des runes est aussi simple ou compliquée que vous le voulez.

La signification des runes, vieilles de centaines d'années, est parfois difficile à saisir, car elle ne se présente pas toujours sous une forme très claire. Parfois, les runes s'expriment symboliquement. Une fois qu'on arrive à comprendre leurs messages, on réalise à quel point les runes sont puissantes et justes. On peut acheter un jeu de runes ou fabriquer le sien en peignant les symboles sur des cailloux.

En plus d'être un jeu de divination, les runes constituent un alphabet. Écrire son nom en alphabet runique forme un sceau (symbole de signification occulte) censé conférer pouvoir et chance.

À droite : Les runes sont façonnées dans divers matériaux, dont le bois, la pierre ou le plastique.

LANCER LES RUNES

Au début de chaque journée ou en cas de besoin de direction, on choisit une rune. Les runes sont généralement consultées en les disposant toutes face vers le bas sur une surface plate et en choisissant celles qui attirent, soit en les tirant du sachet où elles sont gardées.

TRAVAILLER AVEC LES RUNES

Il faut parfois un moment pour s'habituer à la tonalité et à l'esprit des runes, mais une fois cette période dépassée, elles s'avèrent très utiles. Les interprétations suivantes des runes sont forcément élémentaires, mais l'intuition aidera à les développer. Les runes qui ont une position inversée (aspect différent la tête en bas) présentent deux significations. La signification en position inversée est contraire à celle en position droite.

Tirer une rune offre des aperçus précieux de ce qu'apportera le jour qui vient de commencer.

Le Futhark ancien

Bien qu'il y ait des débats sur le nombre précis de runes avec lesquelles on devrait travailler, la plupart des jeux en comportent 24. C'est le Futhark ancien. Certains jeux englobent une rune vierge supplémentaire, la « wyrd ». Celle-ci est utilisée uniquement lors du lancement des runes et est censée représenter un tournant dans la vie de la personne qui la tire.

Le Futhark ancien est divisé en trois « aetts » (familles) de huit runes, chacune régie par un dieu particulier. Le premier aett est l'aett de Freyr, représentant la croissance. Le deuxième est l'aett de Hagal, représentant les éléments. Le troisième est l'aett de Tyr, représentant le courage.

Les Runes

Fehu

Cette rune parle d'argent, de biens, d'amour, de nourriture, du besoin de protéger et d'apprécier sa propre valeur. Inversée, elle avertit de la perte de quelque chose de précieux.

Thurisaz

Vous connaîtrez une phase turbulente, catalyseur du changement constructif. Les difficultés risquent d'apparaître sans prévenir. Inversée, les problèmes seront bien moins graves.

Uruz

La force, le courage et la vigueur mentale et physique sont exigés pour affronter les obstacles. Vous devez assumer la responsabilité de vos actions. Inversée, Uruz met en garde contre l'agressivité excessive.

Ansuz

Cette rune parle de communication sous toutes ses formes et du contact avec des gens que vous respectez et admirez. Elle parle du besoin de bien se connaître soi-même. Inversée, des difficultés de communication sont présentes.

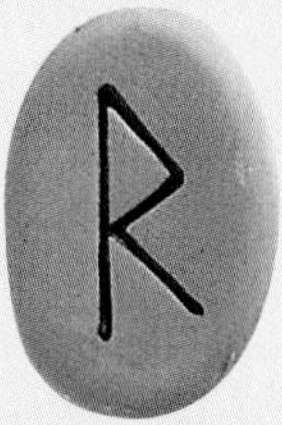

Raido

Les voyages en tous genres sont décrits par cette rune, de même que la capacité de surmonter les problèmes et de mettre les décisions en action. Inversée, une situation risque d'échapper au contrôle.

Kaunaz

Vous débordez d'enthousiasme et d'énergie, mais vous devez les canaliser dans la bonne direction. Clarifie les domaines précédemment obscurs. Inversée, Kaunaz parle d'ignorance et de complaisance.

Gebo

Gebo parle de dons, d'amour et de talents. Vous donnez ou recevez de l'amour, mais ne l'attendez pas comme s'il vous revenait de droit. Cette rune se réfère aussi au travail dans un but supérieur. Rune sans position inversée.

Wunjo

Cette rune représente le bonheur, la compagnie, la capacité de se contenter de ce qu'on a. Elle conseille aussi la prudence quant à ses désirs. Inversée, signale une impression d'abandon émotionnel.

Hagalaz

Vous affrontez une situation difficile, échappant à votre contrôle. Apprenez de l'expérience et soyez persuadé qu'elle finira bien. Cette rune n'a pas de position inversée.

Isa

Les situations sont encore dans les limbes, en quelque sorte figées, vous vous accrochez au statu quo et vous opposez au changement nécessaire. Cette rune n'a pas de position inversée.

Nauthiz

Nauthiz parle du besoin d'attention. Elle enjoint de trier les priorités et d'affronter les faits, afin d'améliorer votre situation. Cette rune n'a pas de position inversée.

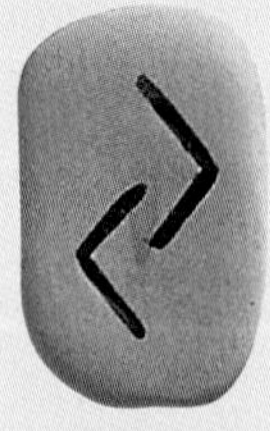

Jera

La fin d'un cycle et le début d'un autre, un état de transition ou blocage dans le passé. Elle met en garde contre la création d'un karma difficile pour soi-même. Jera n'a pas de position inversée.

Eihwaz

Cette rune est liée aux mystères de la vie et de la mort. Elle conseille de faire preuve d'endurance lorsque vous êtes confronté à des problèmes et de continuer votre route. Eihwaz n'a pas de position inversée.

Algiz

Représente la protection et le besoin de prise de conscience spirituelle. Elle décrit parfois la découverte de la voie spirituelle. Inversée, Algiz met en garde contre une attitude trop défensive.

Perth

Regardez au-delà des apparences de la vie et acquérez une plus grande connaissance de vous. Faites attention à vos rêves. Perth parle aussi de naissance sous toutes ses formes, littéralement et symboliquement. Inversée, elle évoque des peurs infondées.

Sowela

Rune très optimiste, enjoint de continuer et de rester enthousiaste, même quand l'époque est difficile. Vous finirez par réussir. Elle n'a pas de position inversée.

Teiwaz

Teiwaz parle de bravoure, de compétitivité, d'objectif, de justice et de victoire. Souvent, elle se rapporte aux batailles menées pour le bien collectif. Inversée, elle représente la défaite.

Ehwaz

Évoque toutes les formes de voyage, les bénéfices d'un partenariat lucratif, ainsi que le besoin de coopération et de souplesse. Inversée, annonce une trahison.

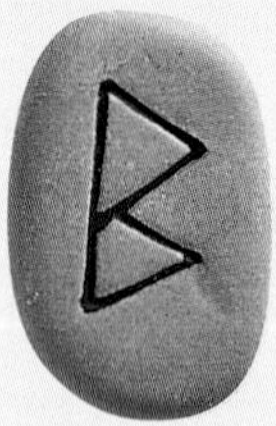

Berkana

Berkana représente la fertilité sous toutes ses formes et est particulièrement favorable pour les projets créatifs. Elle symbolise des secrets qui restent à découvrir. Inversée, annonce l'incapacité à grandir.

Mannaz

Vous devez montrer de la considération aux autres et regarder les situations difficiles avec objectivité et intelligence. Inversée, Mannaz symbolise un mental fermé.

Laguz

Accordez-vous à votre intuition et développez vos pouvoirs paranormaux. Laguz décrit aussi un flot régulier de choses entrant dans votre vie. Inversée, cette rune parle de peur accablante.

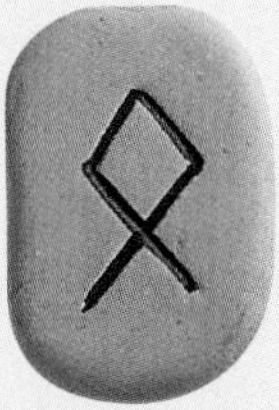

Othila

Othila symbolise l'argent, les biens, les traits de caractère et les autres choses passés d'une génération à la suivante. Inversée, cette rune dit que vous vous accrochez au passé.

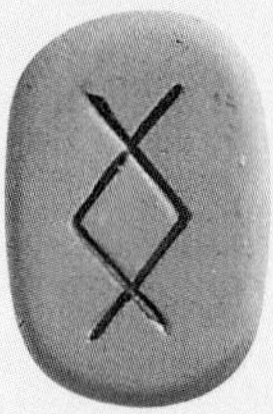

Inguz

Inguz concerne de la première phase des projets et des relations, le début de leur développement. Encourage à apprécier la vie, même dans l'adversité. Inguz n'a pas de position inversée.

Dagaz

Connectée aux nouveaux départs, mentaux, physiques, émotionnels ou spirituels. Lorsque la vie est difficile, Dagaz promet qu'elle s'améliorera. Cette rune n'a pas de position inversée.

Autres outils paranormaux

Bien d'autres outils stimulent les capacités parapsychiques, spécialement si on désire pratiquer la divination. Dans l'idéal, on devrait les essayer jusqu'à trouver celui qui convient le mieux. On peut ainsi découvrir, par exemple, qu'on a du talent à la divination dans les feuilles de thé ou développer une passion pour la céromancie (voir ci-contre).

LECTURE DES FEUILLES DE THÉ

Forme classique de divination, il suffit d'une tasse de thé préparé à partir de feuilles et de sa soucoupe. Le thé de Chine est particulièrement bon pour ce genre de lecture car ses feuilles ont des tailles variables. Une tasse arrondie, à l'intérieur dépourvu de décoration, est préférable. On y verse le thé et on le boit en pensant à la question qu'on

Prenez votre temps lorsque vous cherchez des images dans la tasse de thé. Ici, on distingue clairement un chien.

désire poser (ce ne doit pas être une question exigeant une réponse oui ou non). Quand seules quelques gouttes restent dans la tasse, on prend celle-ci dans sa main non dominante, on ferme les yeux et on pose sa question. La tasse est tournée 3 fois dans le sens contraire des aiguilles d'une montre, puis retournée dans sa soucoupe et laissée ainsi environ 30 secondes. Ensuite, on interprète les motifs formés par les feuilles à l'intérieur de la tasse.

Les feuilles proches de l'anse représentent la personne qui a posé la question. Celles à sa gauche décrivent le passé, celle à sa droite, le présent et l'avenir. Les feuilles proches du bord de la tasse et celles de son tiers supérieur décrivent le présent immédiat et les deux jours suivants. Les feuilles du tiers central de la tasse se réfèrent aux deux semaines suivantes, celles du tiers inférieur, à la période arrivant dans deux à quatre semaines.

CÉROMANCIE

Cette technique ancienne est l'art de deviner l'avenir dans de la cire fondue. Elle est très simple et exige peu de

Choisissez une bougie de couleur pour voir facilement la forme de la cire fondue.

choses : une grande bougie (de préférence colorée, pour que la cire fondue soit facile à voir dans l'eau), une boîte d'allumettes et un bol d'eau froide. La bougie doit brûler au moins une heure et sa couleur doit contraster avec l'intérieur du bol.

Quand la bougie a produit assez de cire fondue, on l'éteint soigneusement, puis on pose sa question (ce ne doit pas être une question exigeant une réponse oui ou non) en se concentrant dessus et en versant doucement la cire dans le bol d'eau. Lorsque la cire durcit, on interprète sa forme en faisant appel à son intuition et à son imagination. Si on désire retirer la cire de l'eau, mieux vaut attendre qu'elle soit ferme, pour éviter de la briser.

DIVINATION GRÂCE À LA NATURE

Lorsqu'on commence à pratiquer et à développer ses facultés paranormales, on s'aperçoit qu'on devient plus réceptif à son environnement. En prêtant attention au monde naturel et à ses messages, le sentiment d'union avec lui est intensifié. La séparation disparaît.

Les rencontres avec le monde des insectes et des animaux sont notables. Si le corps d'un individu attire les papillons au point d'en être même éclairé quelques instants, cela signale qu'il traverse une période de transition, exactement de la même manière que le papillon émerge de sa chrysalide en ayant changé de forme. L'individu doit réfléchir à la façon dont ce présage s'applique à sa situation actuelle.

On peut aussi observer les formes significatives des nuages. Le chant des oiseaux véhiculent-ils un message ? Dans son jardin ou à la campagne, on peut poser une question et attendre de voir ce qui arrive. Un oiseau se met-il à chanter immédiatement ? Il faut se fier à son intuition et être préparé à expérimenter.

Les papillons ont une grande signification symbolique, la transformation.

Channelling et esprits guides

Qu'est-ce que le channelling ?

Le channelling, l'art de recevoir des informations des mondes spirituels et, dans la plupart des cas, les transmettre au reste de l'humanité, est devenu très populaire au cours de ces dernières années, bien qu'il soit pratiqué depuis des siècles. Pour résumer, la personne devient un canal pour l'information. Certains ne le font que pour eux-mêmes, en canalisant seulement l'information qui les concerne. D'autres le font sur une échelle bien plus grande. Par exemple, un guérisseur canalise des informations spécifiques sur l'état physique ou le traitement de ses patients et les leur communique, ou une personne établit un lien solide avec une entité particulière et publie les informations reçues sous forme de livre ou de CD.

LE CHANNELLING EST-IL IDENTIQUE À LA MÉDIUMNITÉ ?

La médiumnité est similaire au channelling, car le médium reçoit des informations du monde des esprits. Toutefois, la médiumnité est d'habitude ciblée sur une personne particulière, et le contact est établi avec ses parents ou ses amis. Tout le monde n'a pas les facultés parapsychiques nécessaires pour être médium. Le channelling, quant à lui, est accessible à tous ceux qui désirent le pratiquer. Il implique souvent le contact avec des entités spirituelles inconnues au praticien ou aux témoins du processus. Le channeling est plus impersonnel que la médiumnité, bien que cela n'amoindrisse en rien sa valeur.

Beaucoup canalisent des informations sans s'en rendre compte. Les écrivains parlent parfois de l'inspiration surgie de nulle part ou de l'impression qu'un livre leur est dicté par une source spirituelle. Si on se surprend soi-même à dire quelque chose de très profond, soudainement, il se peut que l'information respective ait été canalisée.

Vous n'avez pas à être médium pour pratiquer le channelling.

Exemples célèbres de channelling

Beaucoup de livres ont été canalisés via des entités spirituelles. Ils couvrent une large gamme de styles, depuis le style verbeux et parfois incompréhensible jusqu'au style familier et facilement accessible. On y trouve quelque chose pour chacun. On peut avoir lu des livres sans se rendre compte qu'ils avaient été écrits par le channeling. Parmi les exemples de maîtres spirituels renommés dont l'œuvre a été canalisée on trouve Ramtha, qui prétend être l'esprit d'un guerrier atlante vieux de 35 000 ans, et est canalisé par J. Z. Knight, Emmanuel, canalisé par Pat Rodegast, Lazaris, entité non physique canalisée par Jach Pursel.

WHITE EAGLE

Dans son enfance, au début du XXe siècle, Grace Cooke, médium britannique, a été la première à s'être connectée à l'entité spirituelle White Eagle. Cette connexion a rapidement évolué pour devenir un partenariat de travail qui a duré toute sa vie. Grace Cooke canalisait les enseignements de White Eagle dans des conférences et des livres. Celui-ci affirmait être le porte-parole d'un groupe appelé Star Brotherhood (Fraternité des étoiles).

En 1936, la White Eagle Lodge a été fondée à Londres suite à une série de messages d'un esprit affirmant être Arthur Conan Doyle. Les années suivantes, d'autres loges ont été fondées dans le monde entier.

SETH

Seth est une entité spirituelle qui a canalisé pendant plus de 20 ans ses enseignements à travers Jane Roberts, jusqu'au décès de celle-ci en 1984. Le premier livre qu'elle a écrit en transe, *The Seth Material,* a été publié en 1970. Seth a canalisé aussi *Seth Speaks,* livre mentionnant ce qu'il voulait transmettre. Il a enseigné que chacun crée sa propre réalité et est donc totalement responsable d'elle.

Maurice Barbanell a canalisé l'esprit de Silver Birch pendant 61 ans.

ABRAHAM

Abraham est le nom désignant un groupe de maîtres spirituels qui travaillent à travers Esther Hicks. Celle-ci a canalisé plusieurs livres et CD, dont *Créateurs d'avant-garde : demandez et vous recevrez,* en plus de diriger des ateliers. Abraham enseigne le travail visant la prospérité.

UN COURS EN MIRACLES

Ce livre, canalisé par le Dr Helen Schucman, psychologue, a été publié en 1975. Lors du début de ce travail, celle-ci était athée et le vocabulaire chrétien de ce qu'elle canalisait lui déplaisait. Peu à peu, elle a fini par l'accepter. Certains affirment que le livre vient de Jésus, ce que réfute le Dr Schucman. *Un Cours en miracles* enseigne à identifier la différence entre la sagesse intérieure et l'ego.

SILVER BIRCH

L'entité non physique appelée Silver Birch affirme avoir vécu il y a plus de 3 000 ans. Ses enseignements ont été canalisés par Maurice Barbanell, fondateur et éditeur de *Psychic News* en Grande-Bretagne. Ensemble, ils ont rédigé plusieurs livres sur la vie après la mort.

Apprendre le channeling

Un professeur de confiance, capable de diriger l'ensemble du processus en enseignant une approche en douceur et offrant un espace sans danger dans lequel expérimenter, permet d'apprendre le channeling de la meilleure façon. En ayant lui-même fait l'expérience lors de sa formation, le professeur connaîtra les problèmes potentiels et les revers du channelling. Bien entendu, on peut se former aussi soi-même.

SE FORMER SOI-MÊME

Dans ce cas, les étapes préliminaires doivent être soigneusement respectées – sans céder à la tentation de les ignorer, de les écarter parce qu'ennuyeuses, de se lancer immédiatement dans le processus de channelling. Si on s'y laisse prendre, les résultats seront frustrants, et de plus on risque d'attirer les entités nuisibles. Ce sera pour le moins une perte de temps. Les étapes préliminaires incluent la protection personnelle contre toute énergie négative susceptible d'être attirée vers l'individu au cours d'un travail, ainsi que l'ancrage dans le corps. Les premières fois, la maladresse et l'anxiété seront certainement au rendez-vous, si bien qu'on doit aussi savoir comment apaiser le mental. Toute forme de méditation (voir pages 232 à 235) conviendra, en aidant le mental à s'apaiser et à se débarrasser des pensées distrayantes qui l'encombrent.

TROUVER LE TEMPS POUR LE CHANNELLING

On doit toujours se réserver un moment de tranquillité. Toute interruption est potentiellement dangereuse, car elle fera sortir en sursaut de l'état contemplatif et aura un effet nuisible sur le corps physique et le corps astral. Même la sonnerie du téléphone perturbe. Encore plus gênant, quelqu'un entrant dans la pièce et posant sa main sur l'épaule de la personne qui médite risque de la rendre malade un instant.

Il est essentiel de se protéger psychiquement avant de commencer une séance de channelling.

PURIFIER L'ÉNERGIE

La première étape de la préparation au channelling est l'élimination de tous les débris énergétiques accumulés dans l'aura. Dans l'idéal, on doit aussi bien se connaître soi-même et avoir réglé la plupart de ses difficultés émotionnelles. Tout le monde connaît ce genre de problèmes, dont certains subsistent une vie entière, mais chacun doit faire de son mieux pour en être conscient. Si on ne réalise pas la présence de la plupart de ses troubles émotionnels, on finit par les projeter sur les autres.

La purification de l'aura a déjà été décrite (voir pages 92 à 95). Il faut la pratiquer avant chaque channelling, pour atteindre un état d'esprit calme et n'attirer aucune énergie négative susceptible de se nourrir des émotions à vif. Par exemple, en commençant le channelling alors qu'on est énervé ou en colère, des entités nuisibles alléchées par cet état s'en serviront pour manipuler l'individu.

ÊTRE ANCRÉ ET ÉQUILIBRÉ

Une fois l'énergie purifiée, l'ancrage et l'équilibration suivent. Si cette étape est omise, l'individu risque d'être déséquilibré au cours du channelling. Il lui sera impossible de savoir si ce qu'il ressent vient de lui-même ou d'une source extérieure. C'est comme si on a déjà la tête qui tourne en embarquant sur un bateau voguant sur une mer agitée : on ne sait pas si le vertige est causé par son propre état physique ou par le mouvement des vagues.

Des exercices d'ancrage ont déjà été présentés (voir pages 24 et 25). Bien qu'on puisse imaginer que le channelling soit bien plus efficace en absence de tout ancrage, l'idée est erronée. Métaphoriquement parlant, on doit garder les pieds sur terre pour ne pas être emporté comme un cerf-volant dans le vent. Cela diminuera ou fera même disparaître la capacité de distinguer entre les communications bien intentionnées et celles malveillantes.

SE PROTÉGER SOI-MÊME

Cette étape est essentielle si l'on veut pratiquer le channelling en toute sécurité. Il ne faut jamais débuter une séance sans se protéger correctement des énergies négatives. L'exercice où on s'entoure d'une boule psychique de

lumière (voir pages 104 et 105) permet d'y parvenir très efficacement. La protection est accrue en plaçant mentalement une croix à branches égales sur les deux côtés du chakra du plexus solaire, puis au-dessus du chakra couronne.

Cette préparation essentielle accomplie, on doit s'assurer par ailleurs que ses intentions sont pures, honnêtes et aimantes.

Les pieds sont toujours posés à plat sur le plancher quand on pratique le channelling, afin que la personne reste ancrée.

MÉDITATION POUR RENCONTRER VOTRE GUIDE

Ensuite, il faut entrer en méditation. On a déjà parlé des différentes méthodes de méditation et de leur importance (voir pages 44 et 45), non seulement en tant que préparation pour le travail psychique, mais comme exercices utiles en tant que tels. Cette méditation préparera en soi-même une place pour la sagesse.

Voici une méditation simple mais puissante, qui permettra d'aller au tréfonds de soi et de devenir réceptif aux messages qu'on souhaite recevoir.

1 Quand vous vous êtes purifié, ancré et protégé (voir page 231), asseyez-vous sur une chaise confortable, pieds à plat sur le plancher.

2 Fermez les yeux, inspirez et expirez 3 fois à fond pour vous relaxer. Sur chaque expiration, sentez disparaître toute tension de votre corps. Sur chaque inspiration, sentez la paix et l'harmonie y entrer.

3 Imaginez que vous vous tenez dehors dans votre endroit préféré : plage, campagne, beau jardin. Percevez-vous là. Accordez-vous complètement à votre environnement. Écoutez le chant des oiseaux, les vagues se briser ou le vent murmurer à travers les arbres. *Soyez* réellement là.

4 Lorsque vous êtes totalement immergé dans votre environnement, regardez autour de vous. Notez la proximité d'un fleuve et d'un pont qui le traverse. Le fleuve est trop large pour que vous voyiez son autre bord sans traverser le pont. Empruntez-le, en observant sa structure et la sensation qu'il laisse. Écoutez le bruit du fleuve coulant en dessous.

5 Traversez le pont jusqu'à l'autre rive du fleuve. En bas du pont, il y a une porte. Ouvrez-la et pénétrez (en la fermant derrière vous) dans un beau paysage paisible. Devant vous se trouve un grand bâtiment magnifique. Notez tous les détails de son apparence. Allez vers lui et entrez par la porte principale. L'intérieur semble paisible et tranquille. Regardez autour de vous et vous verrez une porte portant votre nom. Ouvrez-la : vous découvrirez le guide sage et gentil qui canalisera sa sagesse vers vous.

6 Faites-lui bon accueil et profitez de votre temps ensemble. Écoutez ce qui est dit, notez-le si c'est approprié. Les informations vous seront données verbalement.

7 Lorsque la conversation avec votre guide est achevée, remerciez-le et quittez la pièce en fermant doucement la porte derrière vous. Sortez du bâtiment et revenez à la porte du pont. Ouvrez-la et passez-la, sans oublier de la clore. Entendez-la ou voyez-la se fermer. Traversez le pont jusqu'à l'autre rive, puis revenez à votre point de départ.

8 Commencez à compter à rebours, à partir de 5. Avec chaque chiffre, devenez plus alerte et plus conscient de votre environnement. En arrivant à I, vous êtes complètement réveillé et assis de nouveau sur votre chaise.

9 Ouvrez les yeux, étirez vos bras et vos jambes, remuez les doigts et les orteils, pour être une fois de plus complètement ancré.

Vérifier la communication

Si un homme se tient sur le pas de la porte en prétendant être envoyé par la banque pour discuter du compte bancaire de celui qui lui ouvre, toute personne sensée lui demandera une preuve de ses dires avant de le laisser entrer. On doit être tout aussi prudent en établissant une connexion psychique avec des esprits. Le fait qu'un esprit demeure sur le plan astral ne constitue pas automatiquement une preuve de son honnêteté et de ses bonnes intentions. Lorsqu'on établit un contact avec un esprit, on doit vérifier qu'il est celui qu'il prétend être, juste comme pour l'homme de la banque.

Il faut écouter ses instincts, surtout ses réactions physiques. Par exemple, si on commence à se sentir anxieux ou malade en se connectant à un esprit.

Soyez vigilant et vérifiez que vous avez établi un contact avec un esprit bien intentionné.

Contrôle de qualité

- Lorsque le contact avec l'esprit a été établi, il faut vérifier en premier ses sensations. Y a-t-il un sentiment de calme et de paix ? A-t-on l'impression d'être en sécurité ? Se sent-on légèrement mal à l'aise et appréhensif ?
- Cela explique pourquoi il est si important d'être ancré, calme et centré avant de commencer le channelling : si on est déjà agité, on ne remarquera pas l'intensification de ce genre d'émotions lors de la connexion à un esprit.
- Si on se sent mal à l'aise, inquiet ou embarrassé, on doit mettre immédiatement fin à la connexion. De telles émotions sont des signaux d'alerte et ne doivent pas être ignorées.
- Il convient ensuite de vérifier la qualité de ce qu'on entend. Nul esprit digne d'être écouté (et d'être canalisé) ne sera dominateur, brusque, agressif, égocentrique ou manipulateur.
- Si des messages enjoignent de faire les quatre volontés de l'esprit, se moquent de personnes connues ou sont carrément égocentriques, la communication doit être coupée immédiatement.
- Finalement, si on n'est toujours pas certain ou si on souhaite avoir des preuves supplémentaires, on demande trois fois à l'esprit s'il vient de Dieu. Si c'est le cas, il dira la vérité les trois fois. Sinon, sa troisième réponse sera celle à prendre en compte.

Choisir son channelling

Le channelling peut prendre de nombreuses formes, dont la réception de messages personnels pendant la méditation, l'administration de la guérison, l'écriture automatique (voir pages 176 à 179) et la transmission de messages canalisés à d'autres personnes.

Dans la plupart des cas, on ne peut pas choisir la forme de channelling à pratiquer. Un peu comme l'essai de plusieurs instruments musicaux pour découvrir celui qui convient le mieux, certaines formes de channelling passent mieux que d'autres. Par exemple, on constatera que le channeling de l'énergie de guérison s'avère particulier et que c'est donc la direction à prendre. Ou on établit difficilement une connexion canalisée pour la guérison, alors que se lier à un esprit guide pour recevoir des messages personnels ne pose aucun problème. Si le premier choix n'agit pas de la manière désirée, il faut expérimenter et essayer des techniques différentes.

CHOISIR SON MOMENT

Le programme quotidien déterminera le meilleur moment pour le channelling ; qui impose d'être détendu, calme et prendre son temps. Si le matin on doit préparer les enfants à l'école avant d'aller à son propre travail, le moment est mal choisi pour le channelling.

De même, il n'est pas approprié de pratiquer après le repas, car la digestion rend somnolent ou provoque une indigestion. Il faut attendre au moins deux heures après un repas avant de pratiquer un quelconque channelling. L'alcool est à éviter, car on ne contrôlera pas entièrement ce qui se passe, même si on a l'impression que le processus se déroule parfaitement. De plus, l'alcool présent dans l'organisme risque d'attirer des entités spirituelles nuisibles. Avec le temps, un channelling parfait incitera même à abandonner toute forme d'alcool, qui brouille la clarté des communications reçues.

Réservez au channelling un moment où vous ne serez ni dérangé ni pressé.

Créer un rituel

Lorsqu'on apprend le channeling, il est très utile d'instaurer un rituel préliminaire qui fera entrer dans un état d'esprit paisible et réceptif. Ainsi, les canaux de communication seront plus ouverts. Même si au premier abord le rituel choisi semble bizarre, on s'y habitue rapidement. Même en ayant acquis de l'expérience dans l'art du channelling, on aura envie de continuer à pratiquer ce rituel.

Les bougies allumées induiront un état d'esprit détendu avant le channelling.

Une bougie coupelle dans un récipient présente un moindre risque d'incendie.

Un rituel peut être pratiqué de même à la fin des séances. Il est essentiel de traiter le channelling avec sérieux. Avec de l'expérience, la sensibilité aux atmosphères et aux bruits sera accrue après une séance. On se sentira malade si on se va immédiatement ensuite dans une rue affairée ou dans un magasin plein de monde.

RITUEL DU DÉBUT

Il suffit d'allumer une bougie blanche ou une bougie coupelle placée sur une soucoupe avant la séance, en s'assurant qu'elle ne risque pas de provoquer d'incendie. Si on n'est pas gêné par l'odeur de l'encens, on allume un bâtonnet d'un encens spécial, utilisée seulement pour le channelling. Ou on peut bénir la pièce avant de commencer, en traçant un signe de croix dans tous ses coins.

RITUEL DE LA FIN

En achevant la séance de channelling, il est très important de rester tranquille et en paix pendant un moment. Trop de perturbations, de bruits ou de stimulation mentale dès la fin du channelling risquent de rendre malade. Il faut rester assis jusqu'à ce qu'on soit prêt à se lever, après avoir vérifié qu'on est ancré, équilibré (voir pages 24 et 25) et protégé (voir pages 104 à 107). Si la bougie brûle encore, elle doit être éteinte.

La vie après la mort

Lors du channeling, on entre en contact avec des entités spirituelles. Certaines ont probablement été des personnes connues, parents ou amis décédés. Il est donc important d'avoir une petite idée de ce qui se passe après la mort.

Si l'individu croit à la réincarnation, il sait probablement qu'il a déjà vécu précédemment, donc qu'il est mort plusieurs fois et que, entre les

Avant le channelling, entrez en contact avec vos parents décédés en regardant leurs photos.

Les différents mondes des esprits

Beaucoup de gens croient au paradis, mais ce terme a pour chacun une connotation différente. D'innombrables livres décrivent le paradis, souvent envoyés à travers le channeling par les esprits qui s'y trouvent. Un exemple célèbre est *Life in The World Unseen*, canalisé par Anthony Borgia. Le consensus général affirme que la vie après la mort comporte plusieurs plans différents et que le défunt est envoyé sur le plan le plus approprié à son développement spirituel. Par exemple, quelqu'un qui n'a jamais été très intéressé par les questions spirituelles ou religieuses, qui a été égoïste ou vindicatif, sera envoyé sur un plan moins élevé qu'une personne qui a passé toute sa vie à développer sa spiritualité et à rendre service à autrui. Néanmoins, être sur un plan spirituel inférieur n'est pas une punition, car on a toujours la possibilité d'évoluer.

incarnations, il est revenu dans son monde d'origine. La plupart des gens ne se souviennent pourtant pas de ce qui leur est arrivé lors d'une vie antérieure. Il arrive que les enfants gardent des images de l'endroit d'où ils sont venus, mais en grandissant celles-ci s'estompent, en raison de la pression culturelle de l'entourage.

ALLER DE L'AVANT

Après la mort d'une personne, son esprit reste sur des plans accessibles pendant un moment. Souvent, l'esprit restera à proximité de la Terre en veillant sur des proches, mais finit par évoluer et passer sur un plan supérieur.

Fantômes et esprits frappeurs

Bien qu'il soit très peu probable de canaliser un fantôme ou un esprit frappeur, il est important de comprendre ce qu'ils sont. On peut parfois être sollicité pour purifier une maison hantée par un fantôme ou un esprit frappeur. Des différences significatives existent entre ces deux types d'entités, qu'il est nécessaire de comprendre pour les gérer.

FANTÔMES

Les probabilités de rencontrer un fantôme sont plus élevées que celles de rencontrer un esprit frappeur. Bien qu'on tienne pour acquis que les maisons anciennes sont hantées par des fantômes, les maisons récentes peuvent elles aussi attirer les esprits, tout comme les routes, les jardins, les parcs et tout endroit fréquenté par les êtres humains.

Si on soupçonne qu'un endroit est hanté, on doit déterminer en premier par qui. Un fantôme se comporte de manière distincte à des moments différents, alors qu'une apparition récurrente induit des actions et fait entendre des sons toujours identiques (voir page 246).

Quand un lieu est hanté par un fantôme, cela signifie que cette entité spirituelle n'a pas réalisé qu'elle est décédée et n'a jamais été conduite vers la lumière pour entrer dans le monde des esprits. Le fantôme continue à errer sur les lieux familiers, souvent furieux ou étonné que des étrangers aient envahi ce qu'il tient toujours pour son espace. Dépourvu du sens du temps, le fantôme ne réalise pas le passage des mois ou des années.

Parfois, il ne sait même pas qu'il est mort, parce que son trépas a été très rapide. Ceci est particulièrement valable sur les sites d'anciens champs de bataille, riches en entités désincarnées.

Visitez un palais ou un bâtiment ancien délibérément, pour vous accorder aux fantômes des lieux.

Apparitions récurrentes

L'autre type d'apparition est causé par une action répétitive qui a imprégné l'atmosphère, un peu comme une cassette vidéo enregistre des images de la télévision. Par exemple, si on entend toujours uniquement un bruit de pas montant les escaliers, il s'agit d'une apparition récurrente. D'innombrables exemples de ce type d'apparition, d'habitude très spectaculaires, existent. Le fantôme d'une dame grise est censé courir sur les terres du Glamis Castle en Écosse, se déchirant la bouche compulsivement.

À l'occasion, l'esprit refuse d'évoluer de par un attachement matériel au lieu où il a vécu. Dans tous les cas, le fantôme a besoin d'aide pour aller vers la lumière où l'attendent les anges et d'autres entités susceptibles de favoriser sa progression. Ce travail est particulier et ne doit pas être pratiqué par des personnes non qualifiées.

ESPRITS FRAPPEURS

Les esprits frappeurs font la matière des films d'horreur, bien qu'ils n'apparaissent pas uniquement sur la pellicule. Un esprit frappeur se manifeste d'une manière très perturbante, bruyante et inquiétante, impliquant souvent le déplacement impromptu d'objets : les assiettes se jettent elles-mêmes contre les murs, les vitres se cassent toutes seules. Dans la vaste majorité des cas, l'activité est plutôt malicieuse et irritante que malfaisante.

Pendant des années, les chercheurs qui se sont penchés sur le domaine paranormal ont été persuadés que l'activité des esprits frappeurs était l'externalisation matérielle des émotions perturbées d'un résident de la maison concernée, souvent un enfant ou un adolescent. Toutefois, nombre de chercheurs pensent maintenant que cette théorie – bien qu'applicable dans certains cas – ne correspond pas à toutes les activités connues des esprits frappeurs.

Glamis Castle est censée être le château le plus hanté de Grande-Bretagne.

Types de guides

Lorsqu'on débute le channelling, on peut souhaiter entrer en contact avec un esprit guide (choisi parmi les diverses catégories existantes).

ESPRITS GUIDES

Plusieurs esprits guides veillent sur chaque personne habitant de la planète. Bien qu'on puisse ne pas s'en rendre consciemment compte, on est accompagné d'un bout à l'autre de sa vie par un groupe d'esprits qui veillent sur sa personne, qui la guident depuis sa première incarnation, qui restent avec elle sur le plan de l'âme entre les incarnations, qui l'accompagnent quand elle entreprend de passer en revue sa plus récente vie. Leur devoir est d'escorter une personne au fil de toutes ses vies et ils sont ravis si celle-ci commence à réaliser leur présence et souhaite établir un contact.

ANGE GARDIEN

Parmi les esprits guides, on compte l'ange gardien. La manière de l'invoquer est présentée aux pages 260 et 261. À la différence des autres types d'anges qui ne se sont jamais incarnés, les anges gardiens ont été à une époque des êtres humains. Il se peut même que la personne qu'ils protègent les ait connus lors de l'une de ses incarnations. Par exemple, un ange gardien a pu s'incarner sous les traits d'un grand-parent afin d'être proche de la personne et de la guider dans quelques expériences difficiles lors d'une de ses vies. Ensuite, en mourant, le grand-parent reprend son rôle d'ange gardien spirituel de la personne respective.

APPELER LES AUTRES GUIDES

En plus des esprits guides, on peut faire appel à d'autres formes de direction à chaque fois qu'une aide spécifique est primordiale. Le reste de ce chapitre enseigne comment entrer en contact en cas de besoin avec les anges, les archanges, les dieux et les déesses.

L'ange gardien est avec la personne dès sa naissance et la soutient toute sa vie.

Parents et ancêtres

Les parents – spécialement la mère, le père, les grands-parents, les tantes et les oncles – n'arrêtent pas de s'occuper de leurs proches après que leur corps physique disparaît et que leur esprit passe sur le plan de l'âme. Ils continuent à s'intéresser à la vie de leur descendant et, à des époques difficiles, font de leur mieux pour l'aider. Pour y parvenir, ils apparaissent dans les rêves, souvent pour apporter un message, ils font se manifester l'arôme de leur parfum préféré ou de leur cigare, tout ce qui fait penser à eux.

Les personnes qui s'intéressent à la vie après la mort et au concept de l'âme continuant à exister entre les vies, sont souvent assez inquiètes à la pensée que leurs parents peuvent garder un œil sur elles à tout instant du jour et de la nuit, presque en voyeurs. C'est faux. Les esprits se trouvant sur le plan de l'âme

Si quelqu'un vous aimait quand il était en vie, il continuera à le faire après sa mort.

doivent abaisser considérablement leur vibration pour se rapprocher de la planète, ce qui exige un énorme effort. Ils ne peuvent pas rester longtemps, pas plus qu'ils ne doivent le faire : ils ont leur propre travail dans le monde des esprits qu'ils occupent.

Des proches disparus longtemps avant votre naissance peuvent veiller sur vous.

Chagrin

C'est humain d'avoir du chagrin quand une personne disparaît. Bien que ce soit une réaction naturelle à la mort, si on pleure trop longtemps cette perte sans avancer, cette attitude peut avoir un mauvais impact sur l'esprit qui a causé ce chagrin. Cela semble dur à dire, spécialement lorsque des enfants sont morts avant leurs parents, mais un chagrin tellement profond risque de retenir l'esprit attaché à la Terre, l'empêchant de s'en aller. Cela perturbe aussi énormément l'esprit, incapable de réconforter la personne en deuil et lui expliquer qu'il est heureux et ne souffre plus.

Contacter des parents

Il est très rassurant d'entrer à l'occasion en contact avec un parent aimé qui est maintenant dans le monde des esprits. Beaucoup trouvent un grand réconfort dans l'idée que leurs parents ou grands-parents veillent encore sur eux, même s'ils ont quitté leur corps physique depuis longtemps. Ils sont conscients de l'extraordinaire amour qui leur est envoyé depuis le plan de l'âme, spécialement quand ils connaissent des expériences pénibles.

À des époques difficiles, quand on ne sait pas comment agir pour le mieux, tout le monde a besoin d'aide et de soutien. On demande le conseil des amis, il est naturel de demander aussi celui de ses parents, qu'ils soient encore là ou qu'ils soient passés dans le monde des esprits. Toutefois, même si on préfère être dirigé, il y a toujours un moment où on doit assumer la responsabilité de ses actes. Juste comme les amis en auront rapidement assez si on les ennuie nuit et jour pour demander conseil sur tout, depuis le repas jusqu'aux vêtements, le monde des esprits se fatiguera du bombardement incessant de questions de la part de personnes apparemment incapables de prendre une décision, quel qu'en soit le sujet. Si on désire entrer en contact avec un proche du monde des esprits – surtout en quête de réponses quant à la direction que prend sa vie – il ne faut pas s'attendre à des indications précises, pas plus qu'il ne faut s'accorder quotidiennement pour une séance de conseils.

ÉTABLIR UN CONTACT

Lorsqu'on souhaite contacter un proche décédé, on doit se préparer exactement de la même manière que pour tout autre type de channelling (voir pages 228 à 231). Le fait qu'on a très bien connu cette personne-là pendant longtemps et que l'amour est mutuel n'annule pas la nécessité de se protéger des entités invisibles et de l'éventuel choc physique du corps en cas d'interruption brusque en plein channelling.

Réfléchissez au contact avec une personne très aimée, par exemple une tante.

Comme pour d'autres formes de channelling, on doit tester la qualité de la communication pour s'assurer qu'elle vient effectivement de la personne qu'on souhaite contacter (voir pages 236 et 237). La qualité et la pureté de l'intention contribuent à la protection. Si le contact avec la personne du monde des esprits est établi par amour, cela protège bien davantage que si on contacte l'oncle pour demander où il a caché son argent ou apprendre le nom du prochain vainqueur de la grande course hippique. Ce genre de motivation attirera sûrement des entités malfaisantes se nourrissant des émotions.

ÉTABLIR UNE CONNEXION

Pour d'autres formes de channelling, il faut respecter les indications pour la préparation. Dans l'idéal, il faut réfléchir d'avance au contact avec un proche, puis lui donner le temps de se rendre disponible. Contrairement à l'idée populaire, les esprits ne passent pas leur temps assis sur des nuages duveteux à jouer de la harpe.

Il est utile de tenir dans les mains une photo de la personne qu'on souhaite contacter, ou l'un de ses objets personnels. Les pensées sont focalisées sur cette personne et un sentiment d'amour pur doit remplir le chakra du cœur (voir pages 72 et 73) d'un éclat chaleureux. Là, on peut se plonger dans la méditation qui mettra en contact avec le proche.

MÉDITATION POUR CONTACTER UN PARENT

1 Purifiez-vous, ancrez-vous, équilibrez-vous (voir pages 24 et 25) et protégez-vous (voir pages 104 à 107) comme d'habitude, puis asseyez-vous sur une chaise confortable, pieds à plat sur le plancher.

2 Fermez les yeux, inspirez et expirez 3 fois à fond pour vous relaxer. Sur chaque expiration, sentez sortir toute tension. Sur chaque inspiration, sentez pénétrer dans votre corps la paix et l'harmonie.

3 Imaginez que vous vous tenez dehors dans votre endroit préféré : plage, campagne, beau jardin. Percevez-vous là. Accordez-vous complètement à votre environnement. Écoutez le chant des oiseaux, les vagues se briser ou le vent murmurer à travers les arbres. *Soyez* réellement là.

4 Quand vous êtes totalement immergé dans votre environnement, regardez autour de vous. Notez la proximité d'un fleuve, et d'un pont qui le traverse. Le fleuve est trop large pour que vous voyiez l'autre côté sans traverser le pont. Empruntez-le, en observant sa structure et la sensation qu'elle laisse. Écoutez le bruit du fleuve coulant en dessous.

5 Traversez le pont jusqu'à l'autre rive du fleuve. En bas du pont, il y a une porte. Ouvrez-la et pénétrez (en la fermant derrière vous) dans un beau paysage paisible. Devant vous se trouve la maison où vivait votre parent ou votre ancêtre. Si vous ne connaissez pas l'aspect de la maison, fiez-vous à l'image qui vous apparaît. Notez tous les détails de son apparence, le toit et la cheminée, les fenêtres et les portes. Allez vers la maison et entrez dans son jardin de devant. Regardez les plantes du jardin.

6 Dans le jardin, il y a un vieux pommier. Votre parent est assis sous son ombrage, sur une chaise. Une autre chaise vous attend, confortable et accueillante. Saluez chaleureusement votre parent, comme vous le feriez dans la vie réelle, et remerciez-le d'avoir accepté de vous rencontrer. Si vous ne l'avez jamais vu lorsqu'il était en vie, présentez-vous poliment et expliquez pourquoi vous avez sollicité cette rencontre.

7 Asseyez-vous et commencez à parler avec votre parent. Écoutez ce qu'il dit et notez-le, si c'est approprié et si vous recevez l'information à travers ses paroles.

8 Lorsque la conversation est achevée, remerciez votre parent et faites vos adieux. Sortez du jardin et allez vers le pont et la porte se trouvant à sa base. Ouvrez la porte et passez-la, sans oublier de la clore derrière vous. Entendez-la ou voyez-la se fermer. Traversez le pont jusqu'à l'autre rive, puis revenez à votre point de départ.

9 Commencez à compter à rebours, à partir de 5. Avec chaque chiffre, devenez plus alerte et plus conscient de votre environnement. En arrivant à 1, vous êtes complètement réveillé et de nouveau assis sur votre chaise.

10 Ouvrez les yeux, étirez vos bras et vos jambes, remuez les doigts et les orteils.

Anges

L'aide angélique est partout, il suffit de la demander. À certains moments, on reçoit cette aide sans l'avoir sollicitée, sans même réaliser ce qui se passe. Il y a de nombreux exemples de ce genre d'intervention angélique, d'habitude dans les circonstances dramatiques : lorsqu'on trébuche dans une rue et on est remis sur pied – juste avant de se faire écraser par un bus – par un homme surgi de nulle part. On le remercie, puis, quand on le cherche des yeux de nouveau, il a disparu. C'était peut-être un ange.

Les anges apparaissent aussi dans des circonstances moins menaçantes : par exemple, en voyage on se met à bavarder avec un parfait inconnu et la conversation semble s'étendre au-delà des limites normales. Peut-être dit-il quelque chose qui pousse à réfléchir, à prendre une nouvelle direction ou répond-il à une question restée longtemps irrésolue. Cet étranger était peut-être un ange.

DEMANDER DE L'AIDE

Certains anges apparaissent précisément quand on a besoin d'eux, sans avoir

Les anges attendent d'être appelés. Habituez-vous à travailler avec eux tous les jours.

Un ange veille sur chaque pays du monde.

été consciemment appelés. À d'autres moments, il est très utile de demander spécifiquement l'aide d'un ange. On peut faire appel à son ange gardien ou contacter un ange spécialisé dans un domaine particulier. Le reste de ce chapitre présente les anges, leurs domaines de prédilection, les moyens de les convier près de soi. On y apprend également à invoquer son ange gardien, ainsi que l'ange qui veille sur sa maison.

L'ange gardien

Tout le monde à un ange gardien, même . si on n'est pas conscient de sa présence. Cet ange escorte la personne d'un bout à l'autre de sa vie, se tenant plus près d'elle qu'on le pense, l'accompagne dans ses triomphes et ses tragédies, de même que les jours ordinaires. Lorsque la personne meurt, son ange gardien l'aide à faire la transition. Et il répétera l'ensemble du processus lors de l'incarnation suivante de cette personne-là.

Beaucoup de gens ont du mal à saisir qu'ils doivent demander l'aide de leur ange gardien avant que celui-ci puisse intercéder en leur faveur. L'ange obéit à la loi spirituelle qui dit que l'aide peut être accordée seulement si elle est demandée. Dans le cas contraire, il s'agit d'une ingérence. L'ange gardien désire être invoqué, car il peut vraiment rendre service. L'appeler une fois, puis imaginer qu'il agira dès que le besoin se fera sentir ne suffit pas. L'ange doit être appelé à chaque fois qu'on a besoin de lui.

Votre ange gardien peut venir à votre aide seulement quand vous l'appelez.

APPELER L'ANGE GARDIEN

1 Pour invoquer votre ange gardien, trouvez un moment tranquille où vous ne serez pas dérangé.

2 Vous pouvez lui parler à haute voix ou mentalement, bien que l'invocation soit plus forte si elle est prononcée tout haut du fond du cœur. Par exemple, vous pouvez dire : « Cher ange gardien, merci d'être avec moi en ce moment. S'il te plaît, aide-moi à [décrivez l'aide que vous souhaitez], de sorte que le résultat soit pour le plus grand bien de tous ceux concernés. »

3 Il est poli de le remercier pour l'aide offerte, même si vous n'en avez pas encore vu les résultats. Sachez qu'ils se manifesteront et montrez votre gratitude.

La hiérarchie des anges

Les anges sont censés être des messagers bienveillants de Dieu. Les croyances traditionnelles affirment qu'ils sont des purs esprits jamais incarnés sous forme humaine, bien que certains auteurs avancent le contraire. Les anges jouent fréquemment un grand rôle dans l'Ancien Testament et le Nouveau Testament. Leur rôle ne se limite pas au christianisme. Par exemple, c'est l'archange Gabriel qui a annoncé à Marie qu'elle allait donner naissance au fils de Dieu. En tant qu'esprit de la vérité, il a dicté le Coran à Mahomet. Au XVe siècle, Jeanne d'Arc affirmait que Gabriel lui avait enjoint de sauver la France de l'envahisseur anglais.

LES MONDES ANGÉLIQUES

Malgré l'existence de divers textes anciens traitant des anges, peu de théories ont été acceptées et sont encore en usage de nos jours. Parmi celles-ci, la théorie du Pseudo-Denys l'Aréopagite, mystique grec du Ve siècle, auteur de la *Hiérarchie céleste*, qui décrit la division du monde angélique en neuf ordres (chœurs), partagés en trois sphères. Thomas d'Aquin, théologien italien du XIIIe siècle, a développé par la suite cette théorie tout en gardant la structure prônée par Denys.

LA PREMIÈRE SPHÈRE

Ces trois ordres d'anges sont les plus proches de Dieu. Selon saint Thomas d'Aquin, ils se consacrent uniquement à la louange de Dieu.

Séraphins

Ordre angélique le plus proche de Dieu, souvent appelés les « éclatants », car l'amour de Dieu les embrase, tout comme le dévouement à Lui. Uriel et Michaël sont des séraphins.

Chérubins

Ordre suivant d'anges, dont le nom signifie « ceux qui intercèdent ». La représentation la plus ancienne de leur rôle protecteur a été découverte en Assyrie : êtres aux grandes ailes, au corps animal et au visage humain. Dieu les a postés à l'est du jardin d'Éden. Plus tard, leur image a été gravée sur l'Arche d'Alliance. Jophiel et Gabriel sont des chérubins.

Trônes

Appelés aussi « ceux aux yeux innombrables », ces anges sont pareils à des roues de feu divin entourant le trône de Dieu. Ils exécutent les décisions divines, en tant qu'anges de justice. Japhkiel et Raziel sont des trônes.

Raziel, un trône, connaît tous les secrets de l'univers.

À gauche : Uriel est associé à la lumière.

LA DEUXIÈME SPHÈRE

Selon les écrits de saint Thomas d'Aquin, cette deuxième hiérarchie angélique est consacrée à la connaissance de Dieu à travers l'univers.

Dominations

Dieu montre sa miséricorde grâce aux dominations, qui apportent la sagesse et la connaissance. Ils portent un sceptre et une épée, expression du pouvoir divin à travers l'ensemble de la création. Zadkiel et Zacharel sont des dominations.

Zadkiel, l'ange de miséricorde et de compassion, est un domination.

Vertus

Ce sont les anges qui montrent le courage, ce qui leur a gagné le nom de « rayonnants ». Ils travaillent de concert avec les trônes (membres de la première sphère) pour conférer bénédictions et récompenses aux êtres humains ayant maîtrisé leurs difficultés. Haniel fait partie des vertus.

Puissances

Ces anges empêchent courageusement et infatigablement la conquête de l'univers par les anges déchus et les supposés diables. Parmi les puissances, on trouve l'ange de la mort et de la naissance. Lorsqu'une personne meurt, les pouvoirs guident sa transition vers la nouvelle phase de sa vie. Leur chef est Chamuel.

LA TROISIÈME SPHÈRE

Ce sont les anges s'occupant des êtres humains.

Principautés

Ces anges préservent les nations du monde, leurs leaders, les religions, les pays, les grandes organisations, les lieux sacrés du monde. Raguel est un principauté.

Archanges

Ils portent les messages divins aux humains. Chacun a un aspect masculin et un aspect féminin, est associé à un élément particulier, feu, terre, air ou eau. Ils contrôlent les légions angéliques qui se battent contre les forces des ténèbres. Le débat quant à leur nombre est toujours ouvert. Michaël, Gabriel et Raphaël sont des archanges.

Anges

Bien qu'ayant le rang le plus bas, les anges sont tout aussi importants que le reste de leurs frères divins. Ils sont des intermédiaires quotidiens entre Dieu et les hommes, et entre Dieu et la nature. Dans ce groupe, on trouve les anges gardiens de tout être humain, qui attendent d'être appelés en cas de besoin.

Chamuel est l'ange de l'amour.
Il aide aussi à retrouver les objets perdus.

Invoquer les anges

Si on a besoin de l'aide d'un ange, il faut la demander consciemment. Mais comment ? Doit-on demander de l'aide uniquement quand on est dans un endroit tranquille, dans un état méditatif ou quand on est persuadé d'avoir été vertueux ? Un ange viendra-t-il à l'aide si l'on s'est comporté mal ou si on est au milieu d'une foule, par exemple dans un centre commercial la veille de Noël ?

Les anges laissent souvent une plume blanche comme carte de visite.

Aucune inquiétude. Les anges aident partout où on les appelle et à tout moment. Ils sont heureux d'aider, cependant il est poli de le leur demander respectueusement et de les remercier d'être venus.

QUOI DEMANDER

Parfois, on a l'impression que la demande d'angélique assistance est trop ordinaire pour mériter une réponse. Par exemple, si on doit faire un long voyage et on s'inquiète de manquer son vol ou d'être bloqué dans un embouteillage sur la route vers l'aéroport, on peut penser que ces problèmes ne méritent pas qu'on embête le monde angélique. Mais les anges aideront toujours, même si la requête semble vraiment insignifiante. Beaucoup de gens demandent régulièrement l'aide des anges pour trouver une place de parking. Le fait même d'avoir besoin d'aide dans un quelconque domaine

Signes d'aide angélique

Ce serait tellement simple et gratifiant si, à chaque fois qu'on demande de l'aide angélique, on la recevrait clairement, sans risque de confusion ou d'hésitation. Toutefois, ce n'est pas forcément ce qui se passe. Au lieu de voir un ange se matérialiser devant soi, avec ses ailes et son nimbe, puis disparaître de nouveau, on devra se fier à des indications plus subtiles.

Par exemple, on peut avoir un brusque éclair d'inspiration, se voir offrir précisément l'information recherchée, constater que le problème réfractaire irrésolu depuis des mois est miraculeusement réglé, être brusquement submergé par un sentiment d'amour et de bien-être. Une plume blanche découverte dans un endroit inhabituel est un autre signe qu'un ange a été tout près.

signifie que les anges viendront avec joie. Si la demande implique de faire du mal à une autre personne – une vengeance – les anges ne feront rien, en fait, l'énergie reviendra vers celui qui l'a lancée, avec des conséquences désagréables.

COMMENT DEMANDER DE L'AIDE

On peut demander de l'aide, silencieusement ou à haute voix, partout, n'importe quand. On n'a pas à être dans un lieu sacré ou spécial. Il suffit de croire qu'elle arrivera. Il faut toujours demander poliment et remercier l'ange d'être venu, ce qui

INVOQUER LES ANGES DE LA MAISON

Si vous désirez travailler avec les anges, mieux vaut commencer par la maison. Chaque demeure a son propre ange, bien que la plupart des gens n'en soient pas conscients. Si vous désirez créer une atmosphère plus paisible autour de vous ou faire entrer dans votre vie quantité de contacts angéliques, invoquez quotidiennement l'ange de la maison.

1 Choisissez une zone de la pièce à consacrer à l'ange – dessus de cheminée, dessus de la commode de votre chambre. Assurez-vous qu'il est propre, puis décorez-le d'un vase de fleurs fraîches, d'une bougie, d'un cristal, d'un beau coquillage, de l'image d'un ange ou tout autre objet qui semble approprié. Ce sera votre autel.

2 Chaque matin, peu après votre réveil, quand vous vous sentez calme et détendu, tenez-vous devant votre autel et saluez l'ange de la maison, mentalement ou à haute voix. Remerciez-le d'avoir été avec vous. Concentrez-vous sur vos sentiments et vos impressions. Parfois, vous saurez quand l'ange est proche, car l'ambiance de la pièce s'éclairera ou l'air deviendra plus dense. Vous pourrez même humer l'arôme des fleurs ou entendre de la musique. Même si vous ne sentez rien, sachez que l'ange de votre maison est là.

3 Si vous avez une requête, formulez-la poliment et avec considération, la consacrant au plus grand bien de toutes les personnes concernées, puis remerciez une fois de plus l'ange de vous avoir aidé.

permettra de s'accorder énergétiquement à sa présence.

INVOQUER LES ANGES DANS DES BUTS SPÉCIFIQUES

Chaque ange a ses propres tâches à accomplir dans l'univers, parmi lesquelles aider les êtres humains dans leur vie quotidienne. Il y a d'innombrables anges, dont la liste dépasse l'objectif de ce livre. Voici toutefois quelques-uns à invoquer selon les besoins. Si on ne se souvient pas de la tâche de chaque ange ou si l'ange dont on a besoin n'est pas décrit ici, il suffit de demander que l'ange approprié soit envoyé, en sachant qu'il arrivera.

Sur Terre, le temps est linéaire et, comme on le dit souvent quand on est sous pression, on ne peut pas être en deux endroits à la fois. Heureusement, les anges n'ont pas ce genre de limitations. Ils peuvent être au même moment dans d'innombrables places. En invoquant l'archange Michaël, pas d'inquiétude donc de se retrouver en liste d'attente et de voir passer des semaines avant son arrivée parce qu'il aide d'abord d'autres personnes. Il sera là instantanément.

Archange Gabriel

Gabriel signifie « Dieu est ma force ». À la différence des autres anges du monde angélique supérieur, il est généralement tenu pour être du genre féminin. Son principal rôle est celui de messager de Dieu, envoyant des communications aux êtres humains. C'est l'ange à invoquer si l'on désire améliorer sa communication avec le reste du monde, si l'on souhaite recevoir

Gabriel permet de se connecter avec son potentiel divin et de le réaliser.

Michaël est l'ange du courage.

l'inspiration divine lorsqu'on travaille sur un projet créatif ou artistique, si l'on demande à Dieu de faciliter la prise d'une décision. Gabriel est aussi celui à appeler quand il s'agit de la conception d'un enfant ou d'un accouchement.

Archange Michaël

Michaël, dont le nom signifie « semblable à Dieu », est représenté d'habitude tenant une épée et une balance, en train de tuer un dragon ou de combattre Satan. Il combat la négativité et la peur dans le monde. C'est donc l'ange à invoquer quand on a besoin de courage et de détermination ou quand on est enlisé dans des pensées pessimistes et tristes. Si l'individu n'est pas certain de la direction à prendre dans sa vie, il offrira aussi assistance.

Archange Uriel

Uriel, le plus rayonnant des anges, dont le nom signifie « feu de Dieu », gouverne le soleil. Son symbole est une main ouverte tenant une flamme. C'est l'ange « de la foudre et de la terreur », donc celui à invoquer pour l'aide à propos du climat, spécialement si le mauvais temps inquiète ou si on est confronté à ses conséquences. Uriel est aussi l'ange à appeler si on veut atteindre son potentiel plénier et acquérir une compréhension accrue de qui on est.

Archange Métatron

Métatron est un ange à part, car il a jadis été humain. Peut-être était-il le prophète Hénoch, que Dieu avait conduit jusqu'au septième ciel (le

Métatron est un ange approprié à invoquer si vous essayez de vous motiver pour agir.

monde le plus élevé) pour qu'il poursuive son travail, la tenue des archives akashiques, le Livre de la vie. Lorsqu'on a besoin d'aide pour écrire, c'est l'ange à invoquer. Il aidera aussi les êtres humains à atteindre leur potentiel plénier.

Archange Raphaël

Raphaël signifie « Dieu guérit ». Il est souvent représenté tenant un caducée, symbole classique de la guérison – bâton autour duquel s'enroulent deux serpents. Pour recevoir la guérison divine ou l'envoyer à une autre personne, c'est l'ange à appeler.

Si on est inquiet de la santé de son animal de compagnie, c'est aussi lui qu'il faut contacter. Considéré comme le plus amical et le plus accessible des anges, les guérisseurs peuvent demander à Raphaël d les guider.

Archange Raguel

Son nom signifie « ami de Dieu ». Sa tâche est d'entretenir l'harmonie et l'ordre parmi les archanges et les anges, ainsi que faire régner l'harmonie dans les relations humaines difficiles. C'est l'ange à invoquer lorsqu'on est piégé dans un conflit, car il aide à régler les disputes en tous genres et est le champion des opprimés.

Archange Haniel

À l'époque babylonienne, Haniel était l'émissaire divin des prêtres-astronomes, connaisseurs de l'astrologie et des autres

Ci-dessus : Raphaël est l'ange à appeler si vous avez besoin d'aide pour une guérison.

formes de divination. Il les avait aidés à comprendre l'énergie de la lune, ainsi qu'à se connecter à leur pouvoir spirituel. Quand on a besoin d'aide et de direction pour fortifier ses facultés paranormales ou travailler en étroite collaboration avec l'énergie lunaire, Haniel est donc l'ange à appeler. Son nom signifie « grâce de Dieu ». On peut lui demander de faire entrer plus de grâce dans sa vie, spécialement sous la forme d'amis et de proches affectueux.

Haniel confère un sentiment plus considérable de grâce et de satisfaction émotionnelle.

Esprits maîtres

En plus de contacter les anges pour leur demander de l'aide, on peut aussi entrer en contact avec les esprits maîtres, grands maîtres ou prophètes appelés aussi maître élevés, qui ont jadis vécu sur Terre et ont été honorés pour leur spiritualité et leur sagesse. Ils sont originaires de toutes les religions, les cultures et les civilisations. Pour établir un contact psychique avec eux, on n'a pas à pratiquer la foi à laquelle ils sont associés. Les dieux et les déesses sont à leur tour un type d'esprits maîtres. Si quelqu'un croit qu'ils n'existaient que dans les pages des livres traitant des mythes, la surprise sera totale !

OSER ÉTABLIR UN CONTACT

Si le concept de contacter un esprit maître n'a jamais été abordé, l'idée peut sembler plutôt étrange, même légèrement intimidante. C'est particulièrement vrai si l'individu a été

Vous n'avez pas à pratiquer le bouddhisme pour trouver la paix devant une statue du Bouddha.

Vous pouvez décider de travailler exclusivement avec un esprit maître, comme Bouddha ou Ganesha.

Exemples d'esprits maîtres

De nombreux maîtres élevés se consacrent à l'aide apportée aux hommes afin qu'ils évoluent et progressent à travers nombre d'incarnations sur Terre. Ces maîtres ont tous retardé leur propre avancée dans les domaines supérieurs afin de rester près des êtres humains et les soutenir. Parmi eux on trouve Jésus Christ, la Vierge Marie, Bouddha, Kouan Yin, Maitreya, Krishna et Babaji (voir pages 278 et 279).

La plupart des dieux et des déesses sont prêts à aider les gens, même si ceux-ci ne le savent pas. En tant que maîtres élevés, ils viennent de toutes les cultures, grecque, indienne, égyptienne, irlandaise, celte. On trouve parmi eux Ganesha, Vesta, Athéna, Lakshmi, Thot et Brigit (voir pages 280 et 281).

éduqué dans une religion occidentale, qui enseigne que la seule voie vers le divin passe par son culte. Il aura des doutes quant à ses capacités de contacter l'esprit maître choisi sans recourir à un intermédiaire ecclésiastique. Parfois, le contact direct est blasphématoire ou interdit. Il peut aussi avoir l'impression qu'on n'est pas assez « bon » pour établir le contact. Difficile de passer outre ces idées bien ancrées.

Pour autant que les esprits maîtres sont concernés, tout cela est futile. Ils se sont consacrés à aider les humains, et c'est ce qu'ils désirent faire. Si un homme a besoin de leur aide, ils sont ravis de l'offrir. Comme pour les anges, l'intérêt de la requête n'est pas significatif. Les esprits maîtres n'ont pas d'échelle de comparaison quant au sérieux d'une demande, ils ne font que l'entendre et se pressent de répondre.

ALLER EN PAIX

Lorsqu'on demande l'aide d'un esprit maître, la requête ne doit pas impliquer de faire délibérément du mal à autrui. L'intention est essentielle. Dans l'idéal, il faut demander à chaque fois que le résultat soit pour le plus grand bien de tous ceux concernés, ce qui montrera que les meilleurs intérêts de tous lui tiennent à cœur.

FORMULER UNE REQUÊTE

Comment doit-on approcher un esprit maître ? On peut être détendu en parlant à un ange et devenir emprunté lorsqu'on désire s'adresser directement à Jésus ou à Bouddha. Doit-on s'agenouiller, réciter une prière, allumer une bougie ? Si cela semble convenir, pourquoi pas ! On peut méditer d'abord pour se mettre dans un état d'esprit calme et contemplatif ou pour contacter l'un des esprits maîtres. Toutefois, la vie n'est pas aussi simple, et par moments on sera obligé d'établir des contacts dans des situations moins propices ou paisibles. Il faut donc s'entraîner à établir le contact avec un esprit maître pendant les activités quotidiennes. Il ne se formalisera pas.

Invoquer les esprits maîtres

Lorsqu'on est prêt à invoquer un esprit maître, il suffit de penser à celui qu'on veut contacter et de faire sa demande. De même que les anges, chaque esprit maître a un devoir différent envers les hommes et les animaux. Il est donc préférable de

Après avoir atteint l'illumination, Kouan Yin a choisi de garder sa forme humaine pour aider tous les êtres.

choisir l'esprit maître se rapprochant le plus de la nature de la demande. Ou on demande que sa requête soit exaucée par l'esprit maître le plus expert dans le domaine respectif.

Lorsqu'on perçoit la présence d'un esprit maître, on doit lui demander poliment son nom. Si l'authenticité de l'esprit semble douteuse (on risque parfois de se connecter à un esprit malfaisant se faisant passer pour un autre), il faut lui demander trois fois si ses intentions sont pures. La loi spirituelle lui impose de dire la vérité lors de la troisième réponse.

DOMAINES PARTICULIERS

Cette liste donne quelques idées sur les domaines dans lesquels sont spécialisés divers esprits maîtres, utiles pour décider lequel invoquer.

Jésus Christ

Guérisseur miraculeux durant sa vie, il faut l'appeler pour l'aide à sa propre guérison ou à celle d'autrui, car sa présence suscite toujours un profond sentiment de paix et d'amour. On doit placer les problèmes entre ses mains.

Vierge Marie

La présence de la mère de Jésus est chaleureuse et affectueuse. Protectrice de tous les enfants, on peut l'invoquer en cas de problème dans ce domaine. Sa compassion est infinie.

Bouddha

Bouddha enseigne l'importance de la modération et le fait que le désir conduit à la souffrance. Si on peut se libérer du désir, on se libère de toute souffrance. Quand on l'invoque, il confère paix, équilibre et un fort sentiment de calme.

Kouan Yin

La déesse bouddhique de la compassion, Kouan Yin aide à se montrer plus compatissant envers soi-même et les autres. Son nom signifie « entendre le son des mots ». Elle promet de venir en l'aide à tous ceux qui l'appellent.

Maitreya

Parfois appelé le Bouddha futur, il a succédé à Shakyamuni Bouddha. Son nom signifie « gentillesse tendre ». Souvent représenté sous les traits du Bouddha rieur qui apporte la joie et le rire.

Krishna est le dieu à invoquer si vous désirez bénir les aliments et les boissons.

Krishna

L'un des membres de la triade hindoue, Krishna est un héros divin qui apporte la joie et l'amour. Lié à la nourriture, on peut l'invoquer pour bénir les aliments et les boissons (voir pages 116 à 119).

Babaji

Souvent appelé le Yogi-Christ, Babaji a vécu dans l'Himalaya entre 1970 et 1984. On considérait qu'il était « l'avatar immortel » qui conservait sa forme physique depuis des siècles. Babaji était aussi censé être la dernière incarnation du Divin. Il suffit de dire son nom avec révérence pour recevoir sa bénédiction.

Ganesha

De par sa nature douce, Ganesha est l'un des dieux hindous les plus aimés. Il est le dieu à invoquer pour bénir une nouvelle entreprise. Il aide par ailleurs à surmonter les obstacles.

Vesta

La déesse romaine du foyer, assimilée par les Grecs à Hestia. Il faut demander son aide quand on s'inquiète à propos de la famille ou de la maison, ou quand on cherche la demeure parfaite où s'installer.

Athéna

Déesse grecque de la sagesse, ayant pour symbole un hibou. Il faut l'invoquer à chaque fois qu'on a besoin d'aide pour prendre des décisions ou obtenir une vision claire et objective d'une situation perturbante.

Lakshmi

Déesse hindoue conjointe de Vishnu dans chacun de ses avatars. Tenue pour le summum de la perfection de l'épouse, il faut l'invoquer pour aider la guérison d'une relation. On peut lui demander de faire entrer l'abondance dans sa vie et d'accroître le sentiment d'accomplissement.

Thot

Dieu égyptien du savoir secret et de l'écriture, à invoquer lorsqu'on doit formuler ses pensées en paroles et lorsqu'on étudie des sujets occultes.

Brigit

Déesse celte dont le nom comporte plusieurs variantes. Son aide est à invoquer lorsqu'on désire concevoir un enfant ou en tant que protection pendant l'accouchement.

Si vous l'appelez, Brigit vous aidera quand vous vous inquiétez à propos de vos enfants.

Amour parapsychique et âmes sœurs

Qu'est-ce qu'une âme sœur ?

Si on rencontre quelqu'un avec lequel on se sent une affinité – affection, familiarité, amour même –, cette personne-là est probablement une âme sœur. Similairement, si en rencontrant quelqu'un on éprouve une peur ou une antipathie instinctive, il peut aussi s'agir d'une âme sœur. Ces deux relations entrent dans la catégorie de l'amour parapsychique, englobant tout type de relation dont il faut tirer la leçon, offrant une connexion avec une vie antérieure ou un fort lien psychique. En fait, il paraît que toute relation, si éphémère soit-elle, est une forme d'amour parapsychique, car chacune à quelque chose à enseigner.

Une âme sœur est une personne qu'on a connue dans une vie antérieure, souvent dans plusieurs. Au cours des nombreuses incarnations, la relation avec cette personne a connu une variété d'expressions – frère et sœur, mari et femme, parent et enfant, maître et disciple, patron et employé, médecin et patient. Les relations ont aussi pu être perturbées : persécuteur et persécuté, victime et agresseur. Il se peut même que la relation soit difficile dans l'incarnation présente.

MÊMES ÂMES, RELATIONS DIFFÉRENTES

Le rôle de l'un par rapport à l'autre n'est pas toujours le même, car la connexion partagée doit être explorée sous tous ses différents aspects. Si elles se réincarnent toujours comme mari et femme dans un mariage heureux, deux âmes n'apprendront jamais les innombrables leçons qu'elles doivent assimiler. Parfois, il faut régler le karma (les dettes et les récompenses karmiques) accumulé entre les partenaires au cours des incarnations partagées, ce qui est, à certains moments, une expérience difficile. Par exemple, si la relation de deux âmes sœurs qui s'aimaient dans une vie antérieure a pris fin suite à une infidélité, les rôles seront inversés dans la prochaine incarnation commune.

Votre relation avec une âme sœur peut être une relation d'amour, mais pas forcément.

ACCEPTER DE SE DISTINGUER

Sur le plan de l'âme où elles vivent entre deux incarnations, les âmes sœurs se mettent d'accord sur le scénario de leur relation suivante. Elles discutent de ce qu'elles ont besoin d'apprendre mutuellement et planifient le déroulement de ce processus. Les âmes pourront ainsi s'accorder pour profiter d'un bref amour passionné, ou être les meilleurs amis qui se connaissent sur les bancs de l'école et sont séparés uniquement par la mort, à un âge avancé. Ou, quel que soit l'amour qu'elles partagent, elles peuvent décider que leur relation suivante sera entachée de problèmes et d'animosité. On peut voir cela comme un jeu de rôles : une âme, le « bon », l'autre, le « méchant ».

Une personne qui est une sœur dans une vie peut être le patron dans la suivante.

Groupes d'âmes

L'individu n'a pas qu'une seule âme sœur, mais plusieurs, qui se réincarnent à peu près à la même époque que lui, si bien qu'il partagera au moins une partie de sa vie avec elles. Toutes ces personnes appartiennent à un « groupe d'âmes », dont les membres restent ensemble pendant plusieurs vies jouant un rôle différent lors de chaque incarnation. On peut y penser comme à une compagnie théâtrale, où les mêmes âmes interprètent des rôles différents dans chaque vie successive.

La relation sur Terre avec tous les membres de son groupe d'âmes n'est pas toujours intense. Certains d'entre eux sont brièvement rencontrés dans une vie particulière. Par exemple, un collègue de travail avec lequel on a parfaitement collaboré pendant six mois et qu'on n'a jamais revu depuis était peut-être un membre de ce groupe. La voisine désagréable, qui fait presser le pas dès qu'on l'aperçoit, peut l'être aussi. Elle a peut-être accepté d'offrir une leçon sur le courage ou la compassion, et l'individu a probablement accepté de lui enseigner une leçon sur l'amour inconditionnel.

Les parents et les amis proches appartiennent vraisemblablement à son groupe d'âmes. D'autres personnes qui entrent en contact avec la vie de l'individu sans y être impliquées de près, sont parfois aussi des membres de ce groupe.

Âmes jumelles

La notion d'âmes jumelles a été rendue célèbre par le *symposium* de Platon : une fraction dont existe le complément. Selon lui, à l'origine tout être humain était constitué de deux parties enfermées dans un même corps, avec deux têtes, quatre bras et quatre jambes. Elles étaient très heureuses dans cet état – si heureuses qu'elles sont devenues trop arrogantes et ont défié les dieux. Agacé, Zeus a riposté en coupant chaque être humain en deux, afin que les deux moitiés passent le reste de leur vie à se chercher.

Les âmes jumelles sont censées être différentes des âmes sœurs, car elles proviennent de la même personne. L'âme jumelle est son autre moitié. En la trouvant, on se sent enfin complet. Toutefois, les âmes jumelles sont notoirement insaisissables, et souvent la jumelle sera sur le plan de l'âme alors que la personne respective vit sur Terre, et vice-versa. Selon certains, si deux âmes jumelles finissent par se réunir sur Terre, elles connaîtront leur dernière incarnation terrestre.

TROUVER « L'ÉLU »

L'idée de trouver son âme jumelle est très attirante et incite certains à rejeter une relation après une autre parce que ce n'est pas la « bonne », parce qu'il n'y a pas assez de similarités entre eux. Comme pour les jumeaux identiques séparés à la naissance, quand les âmes jumelles se retrouvent, elles constatent que leur vie a suivi une trajectoire presque similaire. Elles ont les mêmes préférences et antipathies, les mêmes expériences, ont parfois vécu au même endroit ou aiment les mêmes pays.

Environ la moitié des grossesses débutent comme grossesses gémellaires ; selon des études récentes. Dans la majorité de cas, l'un des fœtus meurt, absorbé dans le corps de l'autre dans la matrice ou mort-né. Ce sont probablement là des exemples où les âmes jumelles sont brièvement réunies dans la matrice avant de se séparer de nouveau.

La relation avec une âme jumelle est intense et donne vraiment l'impression de rencontrer son autre moitié.

Réincarnation

Pour croire aux âmes sœurs qui ont partagé plusieurs vies, on doit croire à la réincarnation, concept selon lequel une âme meurt et renaît plusieurs fois sur la Terre. Au cours de chaque vie, l'âme se développe et tente de régler le karma accumulé lors des vies antérieures.

APPROCHE RELIGIEUSE

La réincarnation est une croyance commune à nombre de traditions spirituelles du monde. L'hindouisme, le jaïnisme, le sikhisme, le bouddhisme tibétain, la Kabbale enseignent l'importance de la réincarnation. Pratiquement toute mention de réincarnation et de karma a été retirée de la Bible chrétienne par le deuxième concile de Constantinople de 553. Toutefois, les évangiles gnostiques, découverts en 1945, rédigés

Un enfant prodige peut manifester un talent qu'il a eu dans une vie antérieure.

vraisemblablement une centaine d'années après la naissance de Jésus, parlent très clairement de réincarnation et de karma.

RÉINCARNATION AU TIBET

Des cas bien connus mettent en évidence l'existence de la réincarnation. Le plus célèbre est probablement le lignage des Dalaï Lama : chacun est censé être la réincarnation de son prédécesseur. Le 14e Dalaï Lama a été découvert dans un village reculé du Tibet, un petit garçon appelé Lhamo Dhondrub. Celui-ci avait reconnu Lama Kewtsang Rinpoché, venu le voir déguisé, lui avait parlé dans le dialecte de Lhasa qu'il avait utilisé lors de son incarnation précédente et avait aussi reconnu son servant, Amdo Kasang, qui faisait semblant d'être le chef du groupe. Il avait ensuite identifié correctement divers objets appartenant à Thupten Gyatso, le 13e Dalaï Lama. Son corps montrait aussi les marques distinctes d'un Dalaï Lama. En dernier, il avait décrit la boîte renfermant les fausses dents du 13e Dalaï Lama. Le jeune garçon a donc été reconnu comme étant la réincarnation de celui-ci.

APPROCHE CULTURELLE

Certaines cultures sont bien plus réceptives que d'autres à l'idée de réincarnation. On connaît des cas en Inde, spécialement de jeunes enfants affirmant avec insistance qu'ils ne vivent pas avec leur famille « réelle » et devraient être ailleurs, dans une autre ville, avec une autre famille. Très souvent, ces enfants semblent s'être réincarnés assez rapidement, de sorte qu'ils se souviennent de leur famille précédente et reconnaissent ses membres en les voyant. Ils sont capables de donner des détails personnels et des faits connus uniquement par cette famille-là. Souvent, ils parlent son dialecte ou trouvent sans peine le chemin de sa maison. À mesure qu'ils grandissent, ces enfants oublient parfois tous les détails de leur vie précédente et s'adaptent à leur « nouvelle » famille. D'autres restent en contact avec leur famille précédente, ce qui peut susciter des problèmes avec la famille présente.

Pourquoi oublie-t-on ?

Le professeur Ian Stevenson, pionnier de ce genre d'études, a vérifié bon nombre de cas de réincarnation. Si ces cas sont réels, cela signifie que tous les gens ont déjà vécu par le passé. Pourquoi n'arrivent-ils pas alors à se souvenir de leurs vies antérieures ?

Certains s'en souviennent apparemment de manières subtiles qui passent inaperçues la plupart du temps. La femme qui a toujours eu envie de visiter le Japon, et dont la maison est remplie d'objets de ce pays, se rappelle peut-être d'une incarnation précédente là-bas. La petite fille qui prend un violon et s'en sert immédiatement avec adresse manifeste peut-être des souvenirs profonds d'une vie antérieure où elle était une grande violoniste. Le touriste qui visite une ville étrangère pour la première fois et la parcourt sans guide et sans se perdre exploite lui aussi les éventuels souvenirs d'une vie antérieure.

Les troubles et les confusions causées dans la vie présente (comme dans le cas des enfants indiens) sont peut-être la principale raison pour laquelle on ne se souvient généralement pas d'une vie antérieure. On est censé faire pleinement l'expérience de sa vie présente et ne pas rester piégé dans le souvenir d'une existence précédente.

La réincarnation est plus facilement acceptée en Orient qu'en Occident.

Relations faciles et difficiles

Ce serait naïf de croire qu'une relation avec une âme sœur est toujours facile.

La vie serait si simple si on entretenait toujours des relations harmonieuses avec ses âmes sœurs. Il suffirait de les identifier et on pourrait se contenter de savoir que les relations des âmes sœurs sont enjouées et faciles. Cependant, cela ne se passe pas ainsi, du moins pas toujours.

Très souvent, une âme sœur aime tellement une personne qu'elle est disposée à entretenir une relation difficile avec celle-ci. Elle peut même accepter qu'on lui montre de la haine dans la vie présente, occasion de donner à l'autre la possibilité d'apprendre une leçon importante sur le pardon et l'amour inconditionnel. Voilà pourquoi les relations les plus problématiques sont souvent celles offrant le plus grand potentiel de développement et de croissance.

APPRENDRE DES RELATIONS

Bien entendu, cela ne veut pas dire que toutes les relations des âmes sœurs sont difficiles. Souvent, elles sont enjouées, satisfaisantes et enrichissantes, d'autres fois, plus compliquées. Si on y réfléchit, on réalise à quel point il est important d'être mentalement stimulé et parfois mis au défi par d'autres personnes. Si on vit avec quelqu'un qui est d'accord avec tout ce qu'on fait, la situation sera agréable au début, mais deviendra rapidement ennuyeuse. Au contraire, on apprendra énormément d'une personne qui discute, demande des précisions ou incite à se moquer de soi-même. Il en est de même pour les relations durables. On n'a pas à se jeter la vaisselle à la tête pour vivre une relation animée et satisfaisante.

PREMIÈRE RENCONTRE

Lorsqu'on rencontre une personne pour la première fois, sa propre réaction indique s'il s'agit ou non de son âme sœur. Les deux peuvent avoir l'impression de se connaître déjà et se mettre à bavarder comme de vieux amis. Un coup de foudre, autre indication de répétition d'une relation précédente, peut même survenir. Quelqu'un semblera sans raison déplaisant au premier coup d'œil, pourtant la relation se développera malgré tout. Parfois, des rêves intenses à propos d'une personne interviennent, ou on voit le visage de quelqu'un à la place du sien, comme si on regardait sa précédente identité.

ENTRETENIR LA CONNEXION

Parfois, des problèmes apparaissent entre les âmes sœurs parce qu'elles se souviennent de leur lien précédent, même si celui-ci ne convient pas à leur vie présente. Par exemple, deux âmes sœurs qui s'aimaient dans une vie antérieure peuvent se mettre d'accord, lorsqu'elles vivent sur le plan de l'âme, de n'être que des amis dans les incarnations suivantes. Mais, le lien peut être si fort ou si familier que, lors de leur nouvelle rencontre sur Terre, elles font l'erreur de prendre l'amitié pour de l'amour. Si les deux sont mariées à d'autres conjoints, leur intense connexion émotionnelle suscitera des difficultés qui n'étaient pas censées arriver.

Nombre d'autres émotions d'une incarnation précédente peuvent subsister dans l'incarnation suivante. Un exemple est la mère poule qui n'a pas envie de quitter son enfant des yeux, même quand il est adulte et a sa propre famille. Peut-être a-t-il été tué devant elle dans leur incarnation commune antérieure et quelque part elle ne l'a jamais oublié.

Heureusement, tous les contacts des âmes sœurs ne causent pas des problèmes. Très souvent, ils apportent la joie, le rire et le réconfort lorsque des amis qui ont passé plusieurs vies ensemble se rencontrent de nouveau. Elles ne partagent pas forcément tout leur temps, mais le lien les unissant sera très fort et significatif pour les deux. Un exemple en est la forte connexion existant souvent entre un grand-parent et un petit-enfant. Le grand-parent a pu accepter d'avance de vivre assez longtemps pour accompagner affectueusement la croissance de son petit-enfant. Lorsqu'il meurt, il continue à veiller en esprit sur ce petit-enfant. Il peut même être son ange gardien (voir pages 260 et 261), incarné expressément pour le guider.

Au cours d'une vie particulière, votre relation avec quelques âmes sœurs peut n'être qu'éphémère.

Comprendre la relation

Les relations des âmes sœurs sont rarement entièrement bonnes ou mauvaises, elles restent généralement quelque part entre les deux. Même si on ne la voit pas très souvent, on peut être étroitement lié à une âme sœur particulière. Au contraire, on peut la voir tous les jours et avoir du mal à être poli envers elle.

LA PERSPECTIVE GLOBALE

Bien qu'il soit tentant de croire que les âmes sœurs n'ont que des relations heureuses, ou qu'on doit abandonner toute relation au premier signe de trouble, il faut regarder l'image globale. Sans oublier que les âmes sœurs se sont incarnées avec une personne afin de l'aider à évoluer et à mûrir. Autrement dit, sur le plan entre les vies, les âmes sœurs ont accepté de créer des problèmes à la personne dont elles ont accompagné l'incarnation. Si le partenaire de sa vie annonce brusquement qu'il s'en va avec quelqu'un d'autre, la gamme d'émotions ressenties sera entièrement humaine. Mais il faut aussi prendre en compte le fait que cette trahison a pu être acceptée entre les deux sur le plan de l'âme.

La relation difficile des âmes sœurs doit aussi être examinée de la perspective du partenaire. On constatera parfois que cette personne est difficile à manipuler – elle aura exactement la même impression ! De nouveau, il se peut que dans l'état entre les vies, les deux aient accepté que l'une cause des problèmes à l'autre, en se montrant exigeante, jalouse ou possessive. Une fois qu'on commence à saisir la complexité des relations des âmes sœurs, on réalise qu'il est impossible d'évaluer ce qui se passe entre deux personnes, car on ne connaît pas leur accord sur le plan de l'âme. D'un point de vue humain, une relation doit être mauvaise ou destructrice ; du point de vue spirituel, deux âmes sœurs ont dû faire un énorme sacrifice en consacrant leur vie présente à se tourmenter l'une l'autre.

L'amour d'Abélard et d'Heloïse est censé avoir été une relation d'âmes sœurs.

RÉGRESSION DANS LA VIE ANTÉRIEURE

Une manière d'éclaircir le mystère entourant une relation difficile – spécialement si celle-ci a un impact sérieux sur la vie d'une personne – est d'effectuer une régression dans une vie antérieure. Pour y parvenir, un thérapeute expérimenté met la personne dans un état de transe légère et l'encourage en douceur à revivre une vie antérieure. La régression la conduira invariablement à une scène montrant la relation qui existait entre elle et celui qui lui pose problème – maître et esclave, mari et femme –, ainsi que certaines des expériences communes permettant de comprendre les raisons des perturbations actuelles de la relation. La régression n'est pas un jeu et ne doit être effectuée que sous la surveillance d'un praticien expérimenté.

Le débat se poursuit sur la question de savoir si ces régressions conduisent réellement aux incarnations antérieures ou si elles sont simplement des exemples de la vivacité de l'imagination. En réalité, comme elles offrent à la personne concernée des réponses satisfaisantes, peu importe que les régressions soient réelles ou

symboliques. Les problèmes sont résolus et souvent la difficulté relationnelle s'estompe parce que la personne a mieux compris son lien avec son âme sœur.

ENGAGEMENTS NON RÉVOQUÉS

Quand les connexions des âmes sœurs causent des problèmes, c'est souvent en raison d'engagements non révoqués pris dans une vie antérieure. Par exemple, deux personnes ont pu prêter serment de s'aimer pour l'éternité. Toutefois, elles ont négligé de révoquer ces engagements en arrivant sur le plan de l'âme, si bien que ceux-ci restent valides lors de la relation terrestre suivante, où ils ne sont parfois pas appropriés – les deux personnes ont des liens totalement différents, comme maître et disciple.

La régression peut aider à comprendre les dynamiques entre vous et une âme sœur.

Rompre une relation

Le pouvoir purificateur du feu aidera à rompre tout contact avec une âme sœur.

Si on réalise qu'on se trouve piégé dans une relation d'âmes sœurs, comment peut-on s'en libérer ? Une solution serait de l'examiner sous toutes les coutures, de préférence avec l'aide d'un expert en vies antérieures. En comprenant mieux les dynamiques du couple, il sera plus facile de trouver une voie contournant le problème. Toutefois, mieux vaut éviter de croire que toutes les relations d'âmes sœurs sont destinées à être parfaites.

BRÛLER DES LETTRES

Si on veut réellement rompre le lien avec une âme sœur, il faut brûler les lettres reçues de sa part lors d'une cérémonie spéciale, qui fera effectivement percevoir cette purification par les flammes. Les e-mails doivent être imprimés et brûlés aussi.

Karma

On peut même arriver à transformer sa relation avec cette personne et donc transmuer une bonne partie du karma subsistant dans le couple. Le karma est la loi immuable de la cause et de l'effet – simplement dit, si on fait du tort à quelqu'un, on recevra le même traitement d'une tierce personne. On récolte ce qu'on a semé, donc l'amour et l'affection qu'on montre aux autres seront retournés pareillement.

On ne doit jamais oublier qu'on crée en permanence son karma et que si l'on traite mal quelqu'un, on aura à gérer les conséquences de ces actions, soit dans la vie présente, soit dans une vie suivante. En sachant cela, on pourra trouver un compromis avec l'âme sœur suscitant les problèmes ou voir la relation de sa perspective. Il se peut qu'elle trouve qu'on est tout aussi difficile. Ou qu'elle s'efforce de dépasser une enfance malheureuse ou une autre expérience terrible. Il faut aussi considérer que si on fait l'expérience d'une relation perturbante avec une âme sœur, on remet probablement en scène une forme de conflit existant lors d'une vie antérieure. Pour éviter de le revivre dans une incarnation future, le problème doit être réglé dans le présent de la manière la plus compatissante imaginable.

Couper les liens parapsychiques

Si une phase où les deux partenaires d'une relation se font mutuellement du mal a été atteinte, ou s'ils se retrouvent dans une impasse, mieux vaut couper les liens psychiques les unissant. Aucune importance que les deux soient ou non des âmes sœurs. L'important est d'admettre qu'il y a un problème entre les deux et faire le nécessaire à ce propos. Cet exercice de coupure des liens est extrêmement efficace si toute discussion est devenue impossible.

La coupure des liens ne détruira pas l'amour et l'affection, elle ne fera que trancher tout attachement bloquant la relation ou l'entravant. C'est un bon exercice à effectuer de temps à autre dans toute relation, même si celle-ci ne présente pas de problème. On constatera rapidement une amélioration des rapports relationnels. La répétition ultérieure de cet exercice permettra d'éliminer une fois de plus tout lien inapproprié.

Il faut réserver à cette méditation un moment où on ne sera pas dérangé, pour une meilleure concentration.

Assurez-vous d'effectuer correctement toute coupure. Ne la précipitez pas.

MÉDITATION POUR TRANCHER LES LIENS

1 Asseyez-vous tranquillement et paisiblement, puis équilibrez-vous et ancrez-vous (voir pages 24 et 25).

2 Imaginez-vous dans un lieu préféré dans la nature, en sachant parfaitement que vous êtes en sécurité. Un sentier se trouve devant vous : prenez-le. Arrivé à une porte, ouvrez-la, passez son seuil et fermez-la derrière vous. Vous entrez dans un espace très paisible.

3 Créez un cercle de lumière protectrice autour de vous, assez large pour vous envelopper quand vous tendez les bras.

4 Tracez mentalement un autre cercle de lumière, un peu plus loin. Lorsque vous êtes prêt, invitez l'autre personne dans ce cercle.

5 Quand elle est arrivée, parlez-lui avec affection des difficultés existant entre vous. Expliquez-lui que vous ne tranchez pas les attaches de l'amour inconditionnel qui vous lient.

6 Observez ces liens, spécialement ceux paraissant problématiques. Par exemple, un lien en fil de fer barbelé suggère l'incapacité à se rapprocher mutuellement, un enclos, le contrôle.

7 Coupez tous les liens en leur milieu, avec des ciseaux d'argent, puis faites-les sortir en douceur de votre corps et jetez-les dans l'espace entre vos cercles. Scellez la zone de votre corps avec une lumière blanche. Répétez le processus pour l'autre personne, en prenant soin de sceller la zone significative de son corps avec de la lumière blanche.

8 Continuez à couper les liens, sans en oublier aucun, comme ceux de votre dos. À chaque fois que vous enlevez un lien rattachant vos corps, scellez la zone avec de la lumière blanche.

9 Lorsque tous les liens ont été enlevés, mettez-leur le feu pour qu'ils soient transformés en énergie positive. Rapprochez-vous des flammes et, si vous l'osez, traversez-les, en sachant que vous ne serez pas brûlé.

10 Invitez l'autre personne à faire pareil, sans la forcer. Remerciez-la pour sa coopération à votre méditation, puis laissez-la partir. Regardez-la s'en aller.

11 Sortez de votre cercle protecteur et revenez sur le sentier, puis passez la porte, en la fermant derrière vous.

12 Comptez à rebours en partant de 5. Avec chaque chiffre, vous devenez plus alerte et plus conscient de votre environnement. En arrivant à 1, vous êtes de retour sur votre chaise.

13 Ouvrez les yeux, étirez vos bras et vos jambes, agitez vos doigts et vos orteils.

Trouver son âme sœur

« Dès que je l'ai vu, j'ai su que je l'avais cherché pendant toute ma vie », « C'était instantané, aucun de nous n'a dit un mot ». C'est là le genre de commentaire qu'on entend quand les gens parlent de la rencontre avec leur âme sœur. On pense généralement que chacun a rencontré quelques âmes sœurs au cours de sa vie, pas toujours des amoureux ou des partenaires. Certaines sont des amis, des parents ou des collègues, d'autres, des ennemies. La plupart des gens désirent rencontrer cependant qu'une seule personne : leur amour, l'âme sœur avec laquelle ils se sentent totalement à l'aise. Mais si on ne la trouve pas ?

Parfois, on semble reconnaître une âme sœur au moment où on la rencontre.

Pourquoi cherche-t-on ?

Si on cherche son âme sœur sans succès, il faut s'interroger sur la raison qui pousse à vouloir la trouver :

- Beaucoup disent qu'ils se sentent incomplets sans leur âme sœur. Bien que la réponse soit compréhensible, elle soulève aussi des questions quant à son sentiment de valeur personnelle, à son intégrité et à sa relation avec soi-même.
- Attendre toujours que les autres fournissent les réponses à ses problèmes ou fassent se sentir complet ne marche jamais. On doit se sentir complet en soi-même, donc heureux, avant de pourvoir rendre une autre personne heureuse. Sinon, c'est le cataplasme posé sur l'immense trou de sa psyché.
- On a pu connaître une série de relations difficiles, reproduisant toujours le même modèle, sans pourtant se rendre compte qu'on est en partie responsable de leur mauvais fonctionnement.
- Il y a risque de confusion entre une âme sœur, qui entre dans sa vie pour contribuer à la croissance et à l'évolution (expérience parfois désagréable), et une âme jumelle (voir pages 292 et 293), l'autre moitié de soi, qu'on ne rencontrera peut-être jamais dans son incarnation terrestre.
- On peut se laisser piéger dans un rêve romantique, sortant presque d'un conte de fées, et croire que son âme sœur résoudra tous les problèmes.

PARLER À SON ANGE GARDIEN

Il y a plusieurs manières d'inviter l'âme sœur dans sa vie. La première – la plus évidente quand on y réfléchit – est de demander. Si on travaille avec son ange gardien (voir pages 260 et 261), on doit lui parler du besoin de trouver son âme sœur. Il faut écouter attentivement ses paroles ou noter les signaux, les situations et les rêves apparaissant après cette conversation. Si les êtres humains sur lesquels ils veillent le leur demandent, les anges gardiens se parlent entre eux. On peut donc demander à son ange gardien de trouver l'ange gardien de l'âme sœur et de joindre leurs forces pour réunir les partenaires.

INVOQUER UN POUVOIR SUPÉRIEUR

Une autre option est d'invoquer l'aide d'un archange ou d'un maître élevé (voir pages 270 à 281), le plus approprié pour sa requête, ou d'entrer en contact avec l'archange Chamuel, l'ange des relations amoureuses. Une foule d'anges travaille avec lui, ce qui contribuera à trouver l'âme sœur. Chamuel aide à retrouver tout ce qui a été perdu, que ce soit un objet physique, une personne aimée ou une relation. Lorsqu'on lui demande de l'aide, on peut être certain qu'il est là et qu'il répondra à cet appel. Patience, car l'âme sœur arrivera au moment convenant aux deux partenaires.

DRESSER UNE LISTE DE SOUHAITS

La plupart des gens pensent à ce qu'ils souhaitent de la vie, sans cependant mettre sur papier leurs désirs. Pourtant, l'acte même de noter ses besoins accroît la capacité d'attirer ce qu'on désire. Si on établit le profil de l'âme sœur souhaitée, il faut éviter l'excès de détails physiques, car l'âme sœur a parfois une apparence complètement différente. Il est préférable de se concentrer sur les qualités, la personnalité et le type de relation souhaité, sans oublier de demander que cette relation soit pour le plus grand bien de tous ceux concernés.

Une fois le profil de l'âme sœur établi, il est placé à un endroit sûr. La requête sera satisfaite au moment approprié. On peut relire de temps à autre ce profil, sans toutefois se laisser prendre au point de négliger le reste de sa vie. On ne sait jamais où et quand on

Établir une liste des traits préférés de votre âme sœur peut l'attirer dans votre vie.

rencontrera l'âme sœur tant désirée : à une soirée où on n'avait pas envie d'aller, au supermarché quand on fait ses courses en hâte, à un arrêt de bus.

RÊVERIE CRÉATIVE

Parfois, les professeurs ont froncé les sourcils sur la rêverie en classe, mais celle-ci est un moyen très efficace d'attirer dans la vie ce qu'on désire. Pourquoi ne pas rêver de la rencontre avec son âme sœur en se laissant guider par l'intuition ? Dans ce cas, tout son corps se chargera d'amour et d'euphorie, qui aideront à attirer vers soi l'âme sœur. L'inconscient ne distingue pas entre imagination et réalité – le cœur s'emballe en regardant un film où quelqu'un est en danger. On peut profiter de cette caractéristique en disant à son inconscient qu'un événement désiré est déjà arrivé, pour qu'il réagisse en l'attirant effectivement.

LE LAISSER ARRIVER

Quel que soit le chemin choisi, l'ensemble du processus se déroule sans aucune interférence personnelle. Bien entendu, cela peut s'avérer difficile si l'on désire terriblement trouver cette personne. Cependant, la simple force de ce désir risque d'agir contre soi, car en faisant trop d'efforts on éloigne sans le vouloir la personne qu'on espère attirer. Mieux vaut aussi éviter les émotions conflictuelles : « J'aimerais qu'elle se presse d'arriver. Peut-être ne viendra-t-elle jamais. Serai-je toujours seul ? » Ce genre de message confus brouille le pouvoir de l'intention. De plus, comme ces messages parlent de l'absence de cette personne, cela attirera encore plus d'absence. Il faut se concentrer sur ce qu'on veut, en sachant qu'on le recevra et en étant d'avance reconnaissant pour cela.

La rêverie active l'inconscient pour qu'il commence à attirer les choses désirées.

Animaux de compagnie parapsychiques

Les animaux de compagnie sont-ils parapsychiques ?

Toute personne qui a eu un animal de compagnie a assurément noté comment il réagit à ce qui se passe dans la maison. Même avant qu'on commence à faire ses bagages pour partir en vacances, l'animal commencera à lancer des regards anxieux ou réprobateurs, particulièrement s'il est censé aller dans une garderie. Les animaux de compagnie savent aussi quand leur maître est triste ou malade et viendront immédiatement le réconforter.

Y A-T-IL DES PREUVES ?

Beaucoup de propriétaires d'animaux de compagnie disposent de multiples preuves quant à leurs facultés paranormales. Ils en parlent rarement, souvent par peur du ridicule. N'empêche, ces facultés existent bel et bien. Par exemple, une personne peut dire qu'elle sait toujours quand un ami est sur le point d'arriver parce que son chien se précipite quelques minutes avant à la porte pour lui faire la fête et qu'il ne le fait que pour cet ami-là.

COMMUNICATION ANIMALE

Comment serait-ce si on tentait sans cesse de parler à la personne avec laquelle on vit, sans jamais être écouté ? Celle-ci préfère dire à son partenaire ce qu'il doit faire, ignore presque toujours ses réactions, prête rarement attention à son comportement. Le partenaire finira par se sentir très frustré.

Selon les personnes qui se spécialisent dans la communication avec les animaux, ceux-ci essayent d'établir en permanence un contact avec leur maître, généralement avec peu de succès. Ils se rendent compte qu'on ne les ignore pas par indifférence, mais parce qu'on ne sait pas les écouter, car on communique autrement. L'idée qu'il est impossible de parler aux animaux n'en est pas étrangère à cette attitude. Le fait est qu'on peut leur parler.

Oubliez le concept d'animaux prétendument stupides. Ils sont très intelligents.

Établir un contact avec l'animal de compagnie

Il est pourtant très facile d'entrer en contact avec son animal de compagnie. Comme pour toutes les techniques de ce livre, on doit s'entraîner à écouter son intuition et à suivre sa direction intérieure. Vous pouvez recevoir les messages de l'animal sous forme de mots, d'images, de sensations, des

Les chiens sont très réactifs quand on commence à communiquer avec eux.

Lorsque le chat miaule, imaginez son message.

odeurs. Parfois, l'animal communiquera avec son maître lorsque celui-ci dort, en apparaissant dans ses rêves.

La forme précise de communication importe peu – c'est ce qu'on en fait qui est important. Il faut garder l'esprit ouvert pour recevoir les messages de l'animal, ne pas les remettre en question, se dire qu'on l'imagine et penser à l'impossibilité de la situation, ignorer ceux qu'on ne veut pas entendre pour ne pas se sentir mal à l'aise ou coupable. Par exemple, on doit faire attention si son lapin dit qu'il n'aime pas qu'on lui tire la queue ou si le cochon d'Inde prétend détester sa bouteille d'eau. Ce sont toutefois des messages importants – si on en tient compte, on améliore la qualité de la vie de son animal de compagnie.

PREMIERS PAS

Lorsqu'on commence à communiquer avec son animal de compagnie, on devrait de préférence s'asseoir près de lui pour observer son comportement, ce qui offre plus d'indications sur ses messages. À ce point, quelques connaissances supplémentaires sur la manière de communiquer de son espèce s'avéreront utiles. Elles permettront d'interpréter le langage corporel de l'animal, qui communique avec l'homme de la même façon qu'il communique avec les membres de son espèce.

Le langage corporel du chat

Comprendre le langage corporel du chat permettra de savoir ce qu'il veut et comment il réagit à ce qu'on lui dit, s'il est paisible ou agressif.

LA QUEUE DU CHAT

Pour savoir si un chat est heureux, observez sa queue. Dans des circonstances normales, une queue levée signale un chat content : il se montre amical et accepte quelqu'un pour ami. Une queue se recourbant au-dessus de son dos indique un chat très heureux. Lorsque la queue oscille d'un côté sur l'autre, le chat est indécis (spécialement si en même temps il se lèche les babines). Quand la queue fouette furieusement, le chat est extrêmement agité. Une queue raidie, avec les poils hérissés (qui la font sembler plus fournie) signale qu'il est sur la défensive et veut impressionner l'adversaire.

LES OREILLES DU CHAT

Les oreilles du chat signalent aussi une foule de situations. Lorsque le chat est relaxé, ses oreilles pointent en avant et légèrement vers l'extérieur. Quand il est

Le bout montant de la queue de ce chat montre qu'il est heureux et content.

attentif, ses oreilles se dressent et se tournent en avant. Quand il est inquiet, ses oreilles sont levées et bougent par saccades. Lorsqu'il est sur la défensive, elles s'aplatissent contre son crâne pour être protégées, en restant cependant visibles si on regarde le chat de face.

LES MOUSTACHES DU CHAT

Le Britannique T. C. Lethbridge, homme de science et radiesthésiste connu (voir pages 166 à 171), était convaincu que les moustaches du chat agissaient comme des baguettes divinatoires, lui permettant de s'accorder à son environnement et de l'interpréter. Extrêmement sensibles, ces moustaches aident le chat à percevoir son environnement dans l'obscurité. Relaxé, les moustaches sont regroupées sur les côtés. En alerte, les moustaches sont écartées et dirigées en avant. Sur la défensive, le chat rapproche ses moustaches et les colle contre son museau.

Ce chat montre son ventre, toujours un signe de confiance.

Le langage corporel du chien

Les chiens aiment savoir quelle position ils occupent dans la hiérarchie familiale. Ils tiennent généralement leur maître pour le chien alpha, et c'est ainsi que cela doit être. Si le chien se considère comme occupant cette position, il mettra le chaos et sera potentiellement dangereux. C'est difficile d'être aussi

Les oreilles levées de ce chien montrent qu'il est intéressé par ce qui se passe autour de lui.

précis sur le langage corporel du chien que l'on est sur celui du chat, car le comportement des différentes races canines varie parfois largement. Néanmoins, voici quelques indications générales qui permettront d'avoir une idée de l'humeur du chien.

SOUMISSION

On s'apercevra facilement de son instinct de soumission au chien alpha de la meute : il tombe la tête, abaisse le regard, rentre sa queue entre ses pattes. Il peut même se rouler sur le dos, en exposant son ventre, signe de vulnérabilité, surtout quand il sait qu'il a fâché son supérieur, tentative d'excuse et de soumission.

PEUR

Quand le chien est effrayé, il se comporte de façons diverses : il devient agité et nerveux, aboie fort ou se cache derrière son maître. Ses pupilles se dilatent, il colle ses oreilles contre son crâne et rentre sa queue entre ses pattes.

LOUANGE ET AMOUR

Tous les clichés à propos des chiens sont vrais : ils sont loyaux, fidèles et affectueux. Les chiens savent comment montrer un amour inconditionnel et ils méritent de le recevoir en retour. Il faut louer le chien quand cela convient et le gronder dès qu'il a fait quelque chose de mal, car il ne comprendra pas ce qui se passe si on lui fait la tête pour avoir mâchouillé le journal. Si on lui montre toujours de l'amour, le chien sera encouragé à se relaxer avec son maître et le courant psychique entre les deux s'intensifiera.

Les chiens aboient pour toute une série de raisons.

Le langage corporel du cheval

Quelques connaissances sur le langage corporel équin permettront d'entrer plus facilement en contact avec un cheval.

LES OREILLES DU CHEVAL

Il faut regarder les oreilles du cheval pour déterminer son humeur. Lorsque ses oreilles pointent gentiment vers le haut et légèrement vers l'extérieur, il est relaxé. Quand les oreilles tombent en avant, il est fatigué ou soumis. Lorsqu'elles sont aplaties contre le crâne, attention, le cheval est d'humeur agressive. Si ses oreilles bougent par saccades, le cheval est anxieux, probablement même effrayé. Ses yeux peuvent même rouler dans leur orbite, signe qu'il est énervé et risque de ruer.

LA QUEUE DU CHEVAL

Comme on peut l'imaginer, quand un cheval tient sa queue haute, il est de bonne humeur et se sent alerte. Lorsque sa queue est collée entre ses pattes, c'est signe de soumission, de fatigue ou de maladie. Si la queue oscille en avant et en arrière, le cheval est susceptible d'être ennuyé, de mauvaise humeur ou énervé.

Les oreilles de ce cheval et son expression gentille montrent qu'il se sent relaxé.

Ce cheval est-il d'humeur joyeuse ou est-il agressif ? Ses oreilles aplaties suggèrent cette dernière possibilité.

LA TÊTE DU CHEVAL

Évidemment, si le cheval réagit à l'approche d'une personne en montrant ses dents, le moment n'est pas bien choisi, car il se sent agressif. S'il piaffe, cette humeur est accentuée. Toutefois, s'il donne de petits coups gentils avec son museau en gardant la bouche fermée, il demande de l'affection ou une petite gâterie. La position de sa tête dira elle aussi beaucoup sur son humeur. Si la tête est levée (de même que sa queue) et s'il semble intéressé par le monde qui l'entoure, il est relaxé et confiant. Si sa tête (et sa queue) est tombée, il se sent découragé, apathique ou malade.

COMPAGNIE ÉQUINE

Les chevaux sont des animaux sociables qui, à l'état sauvage, vivent en troupe. S'il est seul dans un champ, le cheval ressentira le manque de compagnie. Pour rester heureux et compenser ce manque, il aura besoin de beaucoup de contact humain. Ou, s'il en a la possibilité, il s'attachera à un autre animal, un chien, une chèvre.

Les chevaux étant des créatures puissantes, il est sage de faire très attention à leur comportement.

Animaux de compagnie parapsychiques

Il y a des histoires remarquables sur les facultés parapsychiques des animaux de compagnie. Le Dr Rupert Sheldrake a étudié de nombreux cas, et a abouti à des constatations étonnantes. Il semble que les animaux sont extrêmement sensibles à ce qui arrive à leurs maîtres, quels qu'ils soient. Le Dr Sheldrake a trouvé des cas d'animaux qui se précipitent sur le téléphone quand leur maître appelle, mais qui ne bougent pas d'un poil si la sonnerie retentit par ailleurs. Des animaux de compagnie qui ont été séparés de leurs maîtres ont

Si vous avez un chat, cherchez des signes suggérant qu'il sait quand quelqu'un est sur le point d'arriver.

parcouru des centaines de kilomètres dans des régions inconnues pour les retrouver. Des animaux de compagnie ont réagi au moment du décès de leur maître, même s'ils n'étaient pas à proximité.

En lisant ces comptes rendus, on réalise que tout animal de compagnie se comporte assez similairement, comme s'il était accordé à des longueurs d'onde psychiques que son maître ignore.

ANIMAUX ET FANTÔMES

Les animaux peuvent voir des choses invisibles à l'œil humain, comme les fantômes. Si on vit avec un animal de compagnie, on remarque parfois qu'il semble observer quelque chose. Peut-être suit-il les évolutions d'une araignée ou d'une mouche, mais à l'occasion il faut accepter une explication moins prosaïque de son comportement, surtout si l'animal agit toujours ainsi à un endroit particulier de la pièce, à l'exception de tout autre.

Chaque animal réagit de manière différente à ces forces invisibles. Les chiens tendent à hérisser les poils de leur cou et à aboyer, grogner ou geindre. Les chats, quant à eux, restent totalement immobiles et attentifs. Les chevaux,

Les chiens deviennent très agités en présence d'un esprit ou d'un fantôme.

alarmés, tendent à ruer et à hennir. Si cela arrive, on peut s'accorder soi-même à l'atmosphère, pour essayer de percevoir ce que sent l'animal.

ANIMAUX DE COMPAGNIE FANTÔME

Si l'animal de compagnie est tenu pour un membre de la famille, sa mort sera pleurée. Toutefois, ce ne sera peut-être pas le dernier contact avec lui, car on connaît de nombreuses histoires d'animaux disparus revenus visiter leurs maîtres. Par exemple, on peut sentir son chien sauter sur le lit ou son chat se frotter contre ses jambes, parfois des années après son trépas. L'animal chéri peut aussi se réincarner dans un autre de ses congénères. Le nouvel animal de compagnie prouvera son identité en se comportant de la même manière que son prédécesseur. Si le chien aimait un jouet particulier et ignorait tous les autres, le nouvel animal fera pareil.

Le lien affectif entre un animal de compagnie adoré et son propriétaire n'est pas brisé par la mort.

Animaux de compagnie qui aident leurs propriétaires malades

Toute personne qui a eu un animal de compagnie a pu observer qu'il semble savoir quand elle est malade ou triste, et montre son soutien en la réconfortant à sa manière. Les chiens, de par leur nature sensible et loyale, aident souvent leurs propriétaires en cas de de crise. On connaît nombre de cas de chiens, de lapins et de chats ayant averti un maître épileptique de l'imminence d'une attaque. Mis en garde, le maître risque moins de se blesser durant la crise. Bien que l'explication la plus plausible d'un tel comportement soit que l'animal remarque d'infimes changements des mouvements ou de l'odeur du maître peu de temps avant l'attaque. Dans certains cas, l'animal est dans une autre pièce et revient tout d'un coup.

Des organismes spécialisés éduquent des chiens pour qu'ils alertent leurs maîtres dans ce genre de cas. Il existe même des projets pour former les chiens à la détection de l'odeur du cancer – certains ont découvert qu'ils souffraient d'un cancer de la peau parce que leur chien léchait en permanence la zone affectée, en attirant ainsi leur attention dessus.

Parler à l'animal de compagnie

Dans l'idéal, un lien affectif s'établit lorsque l'animal de compagnie vient vivre avec la famille. Le maître devra passer du temps à jouer avec lui et à le caresser, pour qu'il sache qu'il s'agit d'un ami auquel il peut faire confiance. Comme les hommes, les animaux aiment se sentir appréciés : on doit louer souvent ce compagnon en lui disant qu'il est beau, malin, affectueux, brave. Le maître doit l'assurer fréquemment qu'il est content de l'avoir dans sa vie, qu'il l'aime, sans jamais le taquiner sur son intelligence ou sa paresse, car l'animal n'appréciera pas.

RÉGLER ENSEMBLE LES PROBLÈMES

Il est merveilleux d'apprendre à parler à son animal. C'est aussi très utile quand le comportement de celui-ci intrigue ou embête. Si on lui laisse la chance, il fera comprendre ce qui va mal, et le maître pourra peut-être régler les choses. Par exemple, si le chien refuse d'aller dans le jardin, il pourra expliquer que c'est le chat du voisin qui ne cesse de l'embêter. S'il refuse de manger, il pourra dire que le goût des aliments a changé et qu'il aimerait essayer une autre marque. Ou alors que sa nouvelle gamelle lui déplaît. Il faut le traiter toujours comme la créature intelligente qu'il est. Si nécessaire, on doit lui faire des excuses ou lui expliquer l'impossibilité de procéder aux changements qu'il désire, sans se montrer condescendant ou se comporter en despote domestique.

CONVERSATION À DISTANCE

À chaque fois qu'on se sépare de son animal, cette conversation doit être répétée, particulièrement si on est loin et si on veut s'assurer qu'il va bien. Par exemple, si le chien s'agite quand on sort faire des courses, il faut lui envoyer des messages télépathiques lui disant de ne pas s'impatienter.

Ne tardez pas si vous avez promis quelque chose à votre animal de compagnie.

DÉBUTER UNE CONVERSATION

Choisissez un moment de détente, en compagnie de votre animal, lui aussi relaxé. Éteignez la télé ou la radio, pour que des voix extérieures ne distraient ni ne plantent des idées subconscientes dans votre mental.

1 Commencez par imaginer ce qu'est d'être un animal de compagnie : même taille, mêmes poils, plumes ou peau, même posture à quatre pattes (essayez d'imaginer ce que cela peut être s'il s'agit d'un serpent). Réfléchissez aux questions suivantes :

• À quoi ressemble le monde, de la perspective de l'animal de compagnie ?
• Quelle est son odeur ?
• Qu'est-ce que vous pouvez voir ?
• Le monde est-il amical ou riche en dangers potentiels ?
• Avez-vous peur que d'énormes pieds humains vous marchent dessus ?

• Votre litière est-elle désagréablement proche de votre gamelle ?

Passez autant de temps que nécessaire sur cette partie de l'exercice. Vous comprendrez ainsi comment améliorer la vie de l'animal de compagnie.

2 Débutez une conversation affectueuse avec l'animal de compagnie, soit à haute voix, soit mentalement. Commencez par le saluer, comme vous le feriez pour un homme. Demandez-lui comment il se porte. Écoutez sa réponse qui surgit dans votre tête ou attendez une image qui apparaîtra et fiez-vous à elle. N'essayez pas de la censurer ou de l'analyser. Expliquez à l'animal que vous apprenez à communiquer avec lui et que vous serez ravi s'il peut vous aider.

3 Posez-lui toute question que vous voulez. S'il a des problèmes comportementaux, demandez-lui ce qui ne va pas, sans porter de jugement. Écoutez sa réponse. Discutez la situation avec lui et déterminez ensemble comment arranger les choses.

4 Lorsque la conversation est achevée, remerciez-le de vous avoir parlé. Dites-lui que vous aimeriez bavarder plus souvent.

5 Si nécessaire, il faut traduire vos paroles en action. Par exemple, si vous lui avez promis de changer sa nourriture, faites-le aussi rapidement que possible.

Animaux de compagnie perdus

Si l'animal de compagnie est perdu, essayez d'imaginer ce qu'il pourrait faire. Se trouve-t-il dans sa cachette préférée ?

Parfois, un animal de compagnie se perd, un chien s'élance quand sa laisse est enlevée ou un chat va se promener. Le maître d'un animal désire s'assurer de son bien-être et de son retour rapide à la maison. Bien entendu, on peut alerter les voisins, mais il ne faut pas baisser les bras, car le lien de communication établi avec l'animal lui permettra de dire où il se trouve.

DEMANDER L'AIDE ANGÉLIQUE

En plus de demander l'aide humaine, on peut aussi invoquer l'aide angélique (voir pages 258 à 273), avec des résultats remarquables. Si un rapport fort existe déjà avec un ange particulier, celui-ci viendra s'il est appelé. On peut par ailleurs demander l'aide de l'archange Raphaël, spécialisé dans la découverte des animaux perdus, ou invoquer l'intervention de l'ange gardien de l'animal pour ramener celui-ci à la maison, sans jamais oublier de remercier les anges.

Animaux de compagnie et la vie après la mort

Quand la vie de l'animal de compagnie tire à sa fin, cela ne signifie pas que toute communication avec lui disparaît. Bien que le chagrin de son maître puisse ralentir la progression spirituelle de l'animal et le perturber fortement, on peut à l'occasion le contacter grâce à un médium ou directement. Pour ce faire, le maître s'assoit tranquillement et pense avec amour à son animal de compagnie, l'appelle par son nom et lui envoie un message l'assurant de son amour. Il faut attendre la réponse, qui viendra sous forme d'image, d'émotion, de sensation physique, d'odeur ou de mots, immédiatement ou plus tard.

CHERCHER UN ANIMAL DE COMPAGNIE PERDU

Avant de commencer cet exercice, faites de votre mieux pour être calme et équilibré, afin de pouvoir vous concentrer sur les messages reçus. Il est utile de prendre deux gouttes d'un remède floral de Bach, par exemple Mimulus (Muscade) pour la peur, Red Chestnut (Marronier rouge) pour l'anxiété inutile à propos de l'animal, le Remède de secours parce qu'il s'agit d'une urgence.

1 Imaginez de nouveau que vous avez la taille et la forme de l'animal de compagnie. Si c'est un chat ou un chien, imaginez une gueule poilue et des moustaches. Dites son nom, à haute voix ou mentalement, et envoyez-lui de l'amour, qui favorisera la connexion entre vous.

2 Demandez-lui s'il va bien. Attendez une réponse, qui viendra sous la forme d'une sensation – soulagement et apaisement. Vous pouvez aussi obtenir une réponse verbale ou une image. Si vous voyez immédiatement l'image d'un espace fermé, comme votre garage ou atelier, l'animal a pu se retrouver enfermé accidentellement. Allez vérifier. Si vous visualisez le parc local, allez-y pour essayer de retrouver votre animal.

3 Fiez-vous à votre intuition et aux messages que l'animal vous envoie. Si vous n'obtenez aucun signe visuel de l'endroit il se trouve tout en ayant le sentiment de sa présence, demandez-lui de rentrer, car vous êtes inquiet et voulez savoir s'il va bien. S'il s'est enfui, demandez-lui pourquoi.

4 Que vous ayez ou non établi un contact télépathique avec l'animal, visualisez-le rentrant à la maison sain et sauf. Imaginez votre rencontre et votre bonheur. Maintenez cette pensée, qui agira comme un aimant si l'animal est en état de rentrer.

5 Ne soyez pas déçu si cet exercice ne donne pas des résultats immédiats. Il se peut que votre anxiété bloque la communication télépathique de l'animal. Faites aussi attention à vos rêves. Certains ont rêvé exactement de l'endroit où se trouvait leur animal disparu.

Répertoire des facultés parapsychiques

Différentes facultés paranormales

Ce chapitre présente diverses facultés paranormales, depuis la clairaudition, l'art d'entendre des voix désincarnées, à la psychokinésie, le déplacement des objets grâce au mental.

SAVOIR QUI EST QUI

Parfois, il est difficile de savoir où s'achève une faculté et où une autre commence, ou si elles travaillent de concert. Comment, par exemple, peut-on établir la différence entre clairvoyance et télépathie ? Le clairvoyant est-il un médium, une personne dotée d'une sensibilité paranormale, qui entend les messages transmis par les esprits désincarnés ou lit-il réellement dans le mental du sujet ? Cette distinction peut être démontrée si le médium raconte des faits que le sujet ignore, confirmés ensuite par une tierce personne, ou s'il décrit des événements à venir, qui ne sont même envisagés au moment de la lecture. Est-il important d'ailleurs de coller des étiquettes précises sur ces différentes facultés paranormales ? On pourrait les tenir pour des facettes différentes de la même

Expérimentez pour découvrir quelles facultés paranormales vous correspondent le mieux.

faculté essentielle : connaître ou découvrir quelqu'un en se servant de son sixième sens.

UNE PERSONNE POUR CHACUN

En explorant ces différentes facultés, on se découvre immanquablement une affinité plus grande pour certaines. Par exemple, on fera des efforts pour pratiquer la psychokinésie, mais on constatera que la psychométrie prend place sans peine. Ou, comme chez de nombreux médiums, on connaîtra des phases pendant lesquelles le succès accompagne une faculté particulière, qui s'estompe par la suite, alors qu'une autre fonctionne très bien. C'est comme si on testait chaque faculté jusqu'à trouver celle à laquelle on excelle.

Lorsqu'on travaille avec ces facultés paranormales, il faut toujours garder l'esprit ouvert et être préparé à tirer des leçons de ses erreurs. On ne doit pas craindre d'admettre que parfois on se trompe. Personne – même pas le médium le plus expérimenté – n'est infaillible en permanence.

Patience lorsque vous développez vos facultés.

Clairvoyance

Le terme générique « clairvoyance » est souvent utilisé pour désigner toutes sortes de facultés paranormales. En fait, « vision claire » est spécifiquement la capacité de voir les entités spirituelles, soit comme manifestations physiques (des hommes se tenant devant soi), soit comme projections mentales (comme si

La clairvoyance est l'art de voir avec la vision parapsychique.

on regardait mentalement un film). Si on possède cette faculté, on est clairvoyant.

PLUS DE DONS

Les clairvoyants ont d'habitude plus d'un don psychique. Par exemple, ils peuvent aussi être clairaudients, entendre ce que les esprits leur disent, ou clairsensibles, éprouver physiquement les sensations que l'esprit véhicule. La présence de deux ou de plusieurs dons psychiques leur permet d'établir un meilleur contact avec les esprits et accroît donc les chances d'interprétation correcte de leurs messages.

FOI ET PATIENCE

L'un des meilleurs moyens de comprendre comment fonctionne la clairvoyance est de la pratiquer. Il faut faire preuve de patience et ne pas s'attendre à des résultats spectaculaires en un clin d'œil. Ce genre de talents vient avec le temps, la persévérance et la pratique. Il est aussi très important d'entretenir l'idée de la réussite finale, pour ne pas abandonner au premier obstacle.

Interpréter les symboles

Recevoir des messages des esprits par la clairvoyance est parfois plus difficile qu'il ne le paraît. Les esprits communiquent souvent par symboles, si bien que le clairvoyant doit saisir la signification de ceux-ci avant de transmettre les messages, qui exigent parfois du temps pour être déchiffrés. Si le médium voir un assemblage de pots de fleurs, il doit réfléchir à leur signification. Se réfèrent-ils à quelqu'un qui aime jardiner, à un potier, à quelqu'un qui travaille dans un magasin d'articles de jardin ou à une personne dont le nom est Potts ?

Médiumnité physique

Pour la médiumnité, comme pour tout le reste, les modes vont et viennent. À l'époque victorienne et au début du XXe siècle, la médiumnité physique (appelée aussi matérialisation) était très en vogue. Assez remarquable, on ne l'oubliait jamais après y avoir assisté. Un médium entrait dans une transe profonde, puis son corps exsudait une substance claire, soyeuse, l'ectoplasme. Celle-ci prenait lentement la forme d'un esprit qui parlait à toutes les personnes présentes dans la pièce. Lorsque les gens le touchaient, ils étaient surpris par la sensation de chaleur et de solidité. Le médium canalisait aussi psychiquement les communications verbales des esprits en passant par des sonneries éthérées, de petits coups secs, la psychokinésie, la lévitation de la table et des apports (objets se matérialisant apparemment de nulle part). À la fin de la séance, le corps du médium réabsorbait l'ectoplasme, dont l'aspect rappelait une mousseline très fine.

DÉCLIN ET INCRÉDULITÉ

Bien que de nombreux médiums physiques fussent parfaitement sincères, ce n'était pas toujours le cas. Les séances prenaient place dans une pièce obscure pour que l'ectoplasme soit visible, la tentation d'en profiter était forte. Un médium pouvait employer une personne enveloppée de voiles de mousseline pour endosser le rôle de l'esprit. Son assistant, ou le médium en personne, émettait des sons éthérés. Cette forme de médiumnité a par conséquent fini par être assimilée à une escroquerie. Et comme souvent on généralise, si un médium physique était un escroc, tous l'étaient.

La médiumnité physique a par ailleurs décliné en raison du danger qu'elle présentait pour le médium. Quand il est en transe, un médium ne doit jamais être touché, car cela le rendrait malade pendant longtemps. Il est donc très vulnérable au mal fait par inadvertance par les spectateurs.

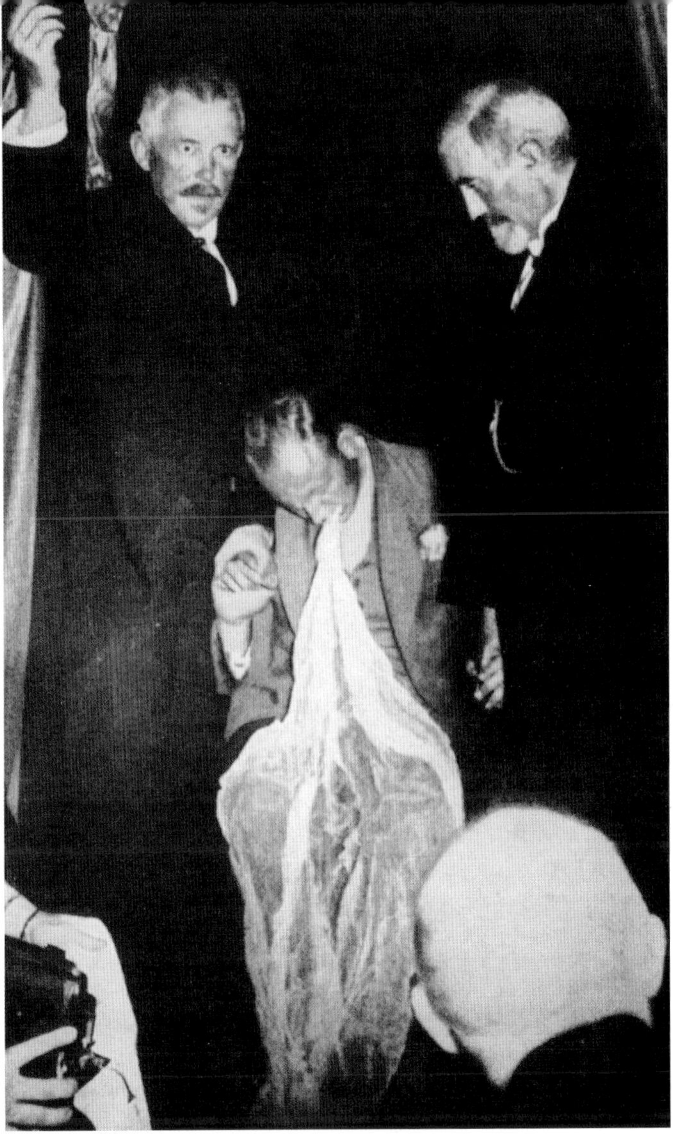

Einer Nielsen, médium danois, secrète un ectoplasme de sa bouche.

Clairvoyants célèbres

Beaucoup de clairvoyants sont devenus célèbres grâce à l'exactitude des faits rapportés à propos des esprits avec lesquels ils entraient en contact. Dans la plupart des cas, leur don de clairvoyance s'était manifesté dès l'enfance. Initialement, les clairvoyants travaillaient soit avec une clientèle privée, soit dans des églises spiritualistes. Récemment, leurs apparitions à la télévision ont énormément accru le nombre de personnes assistant à leur travail.

ENA TWIGG

Ena Twigg est née en Grande-Bretagne peu avant la Première Guerre mondiale. En transe, elle disposait de clairvoyance et de clairaudition. Comme bien d'autres, Ena Twigg avait vu des esprits, qu'elle appelait « gens brumeux », dès son enfance. Sa plus célèbre réussite a été la découverte de l'évêque James Pike, disparu dans le désert de Judée en septembre 1969. Lors d'une séance privée, Ena Twigg entra en transe et l'évêque, en transition entre la vie et la mort, lui apparut très clairement et lui décrit les circonstances entourant son décès. Trois jours plus tard, lors de la découverte de son corps, celles-ci furent confirmées.

BETTY SHINE

Clairvoyante britannique, Betty Shine était surtout une guérisseuse. Elle a rédigé plusieurs livres détaillant son travail. Son premier contact avec son esprit guide avait eu lieu lorsqu'elle était âgée de 2 ans. À l'âge adulte, on lui avait dit qu'elle allait devenir une guérisseuse puissante, dotée de facultés de clairvoyance. Bien qu'elle pratiquât la médiumnité à contrecœur, elle était toujours heureuse d'administrer une guérison. C'est pendant ces séances-là qu'elle se servait de la majeure partie de son don de clairvoyance en observant se rassembler les esprits qui désiraient entrer en contact avec les patients qu'elle soignait.

Les clients d'Ena Twigg parlaient souvent de son caractère normal et terre-à-terre.

JOHN EDWARD

Clairvoyant américain dont on avait découvert le don psychique lorsqu'il était un jeune enfant, John Edward est devenu célèbre. Enfant, il voyageait sur le plan astral la nuit et discernait l'aura des gens. Il était persuadé que tout un chacun pouvait y parvenir et qu'il n'avait rien de particulier. En commençant à lire les cartes, il avait constaté savoir d'instinct des choses sur ses clients. John Edward a écrit plusieurs livres sur son travail et a participé à des séries télévisées couronnées de succès.

GORDON SMITH

Surnommé le « médium coiffeur » parce qu'il dirigeait un salon de coiffure pour hommes en Écosse, Gordon Smith est célèbre pour la qualité et la justesse de son travail. Il est capable de donner des noms, des âges et des adresses précises, ainsi qu'une foule d'autres détails spécifiques. Sa première expérience psychique a pris place à l'âge de 7 ans: il avait vu un ami de la famille marcher dans la rue comme d'habitude, avant d'apprendre que celui-ci était décédé depuis dix jours. Gordon Smith a refoulé ses facultés paranormales jusqu'à la vingtaine, quand il a changé d'avis et a adhéré à un cercle de développement psychique. Il dispose de clairvoyance, de clairaudition et de clairsensiblité.

JAMES VAN PRAAGH

James Van Praagh est l'un des clairvoyants les plus connus des États-Unis. L'un de ses cas les plus célèbres date de juin 1995 – un jeune homme décédé lors d'un accident sur le mont Fuji, au Japon. James Van Praagh a donné à ses parents d'innombrables preuves, dont les détails d'une photo de lui prise avant sa mort, pas encore développée à la date de la séance.

Développer des facultés de clairvoyance

Si la personne ne possède pas des dons innés de clairvoyance actifs, elle devra développer ses talents à l'aide de divers moyens.

GROUPES DE DÉVELOPPEMENT PSYCHIQUE

Parmi les classiques, on trouve l'adhésion à un cours de développement psychique, dirigé par une personne expérimentée au travail avec les esprits. Cette personne dispose d'habitudes de facultés médiumniques.

On peut aussi fonder son propre cercle psychique (voir pages 184 à 191), où les gens contribueront mutuellement à leur développement.

MÉDITATION

La méditation (voir pages 44 et 45) est l'une des meilleures façons de développer les facultés de clairvoyance, spécialement la méditation de visualisation qui accroît la capacité à voir mentalement des images. En fait, c'est le chakra du troisième œil qui permet la vision clairvoyante. En rêvassant, on voit dans son mental des images apparemment réelles, recouvrant tout ce qui est autour, exactement comme lorsqu'on se sert de la clairvoyance.

On peut créer ses propres méditations de visualisation ou utiliser les cassettes ou les CD de méditation dirigée disponibles dans les magasins spécialisés.

LIVRES

Beaucoup de clairvoyants ont écrit des livres parlant de leurs facultés (y compris ceux mentionnées aux pages 346 et 347). Certains donnent des informations sur la manière de développer ses facultés paranormales.

La méditation de visualisation est excellente pour fortifier les images mentales.

L'ÉCRAN DE TÉLÉVISION MENTAL

Les facultés de clairvoyance ne se développeront pas tant que vous n'avez pas travaillé sur le chakra du troisième œil (voir pages 76 et 77). Voici un exercice pour purifier ce chakra afin qu'il fonctionne aussi efficacement que possible. Commencez par le pratiquer plusieurs fois par semaine. À chaque répétition, l'utilisation de l'écran de télévision mental deviendra plus facile, les images clairvoyantes, plus nettes.

1 Trouvez un moment où vous ne serez pas dérangé. Asseyez-vous sur une chaise confortable, pieds à plat sur le plancher.

2 Détendez-vous, ancrez-vous et équilibrez-vous (voir pages 24 et 25), puis entourez-vous d'une boule protectrice de lumière blanche (voir pages 104 et 105). Fermez les yeux.

3 En partant du chakra racine, éclairez tour à tour les chakras mentalement, les voyant comme une bulle de lumière colorée. Arrivé au chakra du troisième œil, imaginez-le comme une boule de lumière indigo. Regardez celle-ci de près. Y distinguez-vous des taches plus foncées ? Dans ce cas, imaginez-les se dissoudre et disparaître. Éclairez mentalement le chakra couronne.

4 Les yeux toujours fermés, concentrez-vous sur la zone située entre les sourcils. Imaginez là un grand écran de télévision. Tracez mentalement les contours de l'écran, puis créez une série de touches contrôlant la taille, la brillance et la clarté de ses images. Créez aussi une touche arrêt.

5 Imaginez-vous nettoyer l'écran, en enlevant poussière, toiles d'araignée et autres résidus risquant d'obscurcir les images qui apparaîtront bientôt dessus. Continuez jusqu'à ce que l'écran brille.

6 Lorsque vous êtes prêt, appuyez sur la touche « marche ». Pouvez-vous voir déjà des images ? Dans ce cas, laissez-les se matérialiser et observez-les. Dans le cas contraire, imaginez quelque chose de simple, un arbre ou un champ de maïs. Rendez l'image plus claire en vous servant des touches de contrôle. Il se peut que vous ne voyiez rien de physique sur l'écran, seulement dans votre imagination. Laissez l'image devenir aussi réelle et tridimensionnelle que possible.

7 Après avoir regardé quelques minutes cette image (et toute autre susceptible d'apparaître), éteignez l'écran.

8 Fermez les chakras (voir pages 188 et 189) et revenez en douceur à la réalité.

Clairaudition

La clairaudition est la capacité d'entendre les bruits, les voix et tous les sons des esprits, produits sur un plan vibratoire différent, inaudible pour la plupart des gens. C'est un peu comme les chiens, qui entendent des sons dépassant l'acuité auditive humaine.

Beaucoup de personnes douées de sensibilité paranormale disposent aussi de clairaudience, de concert avec d'autres facultés médiumniques. Par exemple, un médium peut être clairaudient et clairvoyant, entendre et voir les entités.

COMMENT FONCTIONNE LA CLAIRAUDITION

Les sons résonnent dans sa tête ou semblent venir de l'extérieur. Quand il s'agit de sons apparemment extérieurs, on peut se demander pourquoi les autres ne les entendent pas. Même mentalement, ils sont parfois si forts et si clairs qu'on a l'impression qu'une personne parle à haute voix.

Si on consulte un clairaudient ou si on assiste à une démonstration, on remarque parfois qu'il a du mal à saisir ce que disent les esprits. La communication spirituelle n'est pas forcément facile à comprendre. Pour établir un contact avec le monde physique, les esprits doivent ralentir considérablement leur vibration, ce qu'ils ne peuvent faire que pendant un bref laps de temps avant d'être épuisés. Leur voix semble saccadée ou accélérée, avale les voyelles, rend difficile de distinguer les consonnes à résonance assez similaires.

TOUS LES ESPRITS PARLENT-ILS LA MÊME LANGUE ?

Parfois, une personne dotée de clairaudience entre en contact avec des esprits de gens parlant d'autres langues, pourtant elle les comprend très bien. Il faut savoir que chaque esprit parle la langue qui était la sienne sur Terre. Ses paroles sont traduites par des forces extérieures, par exemple les guides de la personne clairaudiente, dans une langue que celle-ci comprend. Certaines

La clairaudition permet d'entendre des sons venant d'un autre plan de vibration.

Parfois, le sommeil est perturbé par le bruit des esprits en train de parler ou de chanter.

reçoivent ces traductions sous forme de symboles, d'autres disent entendre les messages traduits dans leur propre langue. Apparemment, le processus varie d'une personne à une autre.

QUE PEUT-ON ATTENDRE

Un message clairaudient peut se présenter sous diverses formes. On peut entendre quelqu'un s'adresser à soi, même si on est seul. On peut être réveillé la nuit par le bruit d'une personne qui chante, parle ou murmure.

On peut entendre jouer de la musique. Avant de les considérer comme des communications clairaudientes, il faut vérifier que ces sons ne viennent pas d'une source terrestre. La musique vient-elle de la rue ou des voisins ? Quelqu'un d'autre l'entend-il dans la maison ? Le son apparaît-il dans une pièce qui a une signification particulière pour celui qui l'entend ?

Un clairaudient renommé

La plupart des personnes présentant des facultés de clairaudience ont d'autres dons. L'une des plus connues était la Britannique Doris Stokes, qui a donné des consultations à des gens célèbres du monde entier. Sa clairaudience était très forte, ainsi que sa clairvoyance. Dans son autobiographie, elle parle des nombreux moments où elle avait entendu la voix des esprits. L'une des expériences qui lui a apporté le plus de joie avait été une voix désincarnée lui disant que son époux, disparu dans l'action et présumé mort pendant la Deuxième Guerre mondiale, était vivant. L'une des plus tristes avait été d'apprendre par cette voix que son bébé de 5 mois en parfaite santé était arrivé à la fin de son existence terrestre et qu'il devrait revenir dans le monde des esprits. Le bébé est mort deux semaines plus tard. L'esprit de son père décédé est venu le chercher.

Développer des facultés de clairaudience

La clairaudition peut apparaître en même temps que les autres dons psychiques ou se développer indépendamment. La plupart des gens ont connu des épisodes de clairaudition sans s'en rendre compte, comme une voix intérieure les incitant à s'approcher de quelqu'un, ou l'appel de leur nom alors qu'ils étaient seuls.

ÉCOUTER LE SILENCE

Pour développer vos facultés, vous devez accroître vos capacités d'écoute.

1 Ancrez-vous et équilibrez-vous comme d'habitude (voir pages 24 et 25), puis entourez-vous d'une boule protectrice de lumière blanche (voir pages 104 et 105).

2 Mettez des boules Quiès dans vos oreilles ou des écouteurs débranchés. Restez assis calmement et écoutez les bruits dans votre tête.

3 Arrêtez après 20 minutes et notez vos expériences dans le journal tenu à cet effet.

4 Ancrez-vous et équilibrez-vous de nouveau, car cet exercice risque de vous désorienter. Protégez-vous ensuite de nouveau avec une lumière blanche.

ÉCOUTER UN COQUILLAGE

Une manière d'accroître les facultés de clairaudience est d'écouter un bruit continu, comme le bruit blanc d'une radio ne captant aucune station. En écoutant ce bruit blanc, on entend parfois des voix, soit venant de la radio, soit surgies dans votre tête. En portant un grand coquillage à son oreille on entendra un léger murmure susceptible de déclencher la clairaudition.

1 Ancrez-vous et équilibrez-vous comme d'habitude (voir pages 24 et 25), puis entourez-vous d'une boule protectrice de lumière blanche (voir pages 104 et 105).

2 Placez un grand coquillage à votre oreille et fermez les yeux. Laissez votre mental s'accorder aux murmures qu'il émet.

3 Arrêtez après 20 minutes et notez vos expériences.

4 Ancrez-vous, équilibrez-vous et protégez-vous de nouveau avant de vous lever.

Clairsensibilité

Le don de clairsensibilité permet de ressentir les sensations et les émotions d'autres personnes ou d'esprits comme si c'étaient les siennes. Les guérisseurs sont souvent capables de percevoir la douleur et le malaise de leurs patients, qui les guident vers la zone du corps exigeant une guérison. Lorsqu'une personne dotée de clairsensibilité ou un médium entre en contact avec un esprit, il ressentira les émotions et les sensations physiques que celui-ci véhicule. Par exemple, il saura comment la personne respective est décédée, car il ressent les mêmes sensations corporelles, telles qu'une douleur dans la poitrine si celle-ci a succombé à une crise cardiaque.

La clairsensibilité permet aussi de saisir l'ambiance environnante : en entrant dans un immeuble hanté, on ne sera pas à l'aise et on aura l'impression d'être observé. La psychométrie, présentée en détail aux pages 364 à 369, est elle aussi une forme de clairsensibilité.

Percevoir la chaleur ou le froid de l'aura est un exemple de clairsensibilité.

S'AGIT-IL DE TÉLÉPATHIE ?

À l'occasion, il est difficile de distinguer entre clairsensibilité et télépathie. Par exemple, nombre d'histoires de partenaires de femmes enceintes ressentent les douleurs de l'accouchement en même temps que celles-ci. Il y a même des cas où la femme enceinte n'a rien senti, alors que son partenaire souffrait le martyre. Toutes ces expériences sont probablement dues plus à la télépathie qu'à la clairsensibilité pure. Les cas où les personnes concernées sont séparées physiquement et n'ont aucun moyen d'entrer en contact suggèrent davantage la clairsensibilité.

DÉTECTIVES PARAPSYCHIQUES

Les exemples les plus convaincants de clairsensibilité apparaissent quand la personne ressentant les émotions ou les sensations physiques le fait en « aveugle », sans connaître préalablement les circonstances. Par exemple, bien qu'elles ne fassent pas de publicité là-dessus, les polices du monde entier font

La psychométrie est une faculté clairsensible classique. Certains s'en servent pour découvrir des personnes disparues.

parfois appel à des personnes clairsensibles lors des cas très compliqués. Lors d'un cas déroutant de personne disparue, par exemple, la police peut demander l'aide d'un clairsensible, à qui on donne un objet appartenant à celle-ci. Le clairsensible s'accordera alors à la personne disparue et pourra parfois dire ce qui lui est arrivé, en se fondant sur ce qu'il perçoit de ses sensations physiques. Il éprouvera par exemple toutes les sensations de la mort par noyade ou précisera que la personne disparue est enfermée dans un réduit, mains et pieds menottés.

ODEURS SURNATURELLES

Lorsqu'une personne meurt, sa famille et ses amis remarquent parfois la présence de fragrances inexplicables la leur rappelant. Si cette personne fumait, alors que les membres de sa famille étaient non-fumeurs, ceux-ci humeront sans raison apparente une odeur de fumée. Les gens rationalisent les faits en disant que les meubles sont imprégnés de l'arôme du tabac, mais cela n'expliquera pas pourquoi celui-ci n'est perçu que par intermittence. Il se peut que l'esprit de cette personne tente de contacter ses proches en leur envoyant une odeur qui lui est associée. Si la personne cultivait des roses, elle enverra à sa famille leur parfum. En été, cela risque de se confondre avec la fragrance des roses embaumant le jardin, mais comment l'explique-t-on en hiver ? Beaucoup de personnes endeuillées disent avoir senti l'après-rasage ou le parfum préféré de leur proche, spécialement lors des moments importants, comme des anniversaires. C'est là une forme simple de clairsensibilité.

Parfois, les gens sentent des odeurs n'ayant rien de commun avec leur environnement, comme l'arôme du pain sortant du four, odeur qui peut très bien provenir d'une entité hantant les lieux.

Notez les arômes floraux apparaissant hors saison, comme une fragrance de roses en hiver.

Développer la clairsensibilité

Si on souhaite développer la clairsensibilité, on doit devenir plus réceptif à son environnement, pour arriver à en saisir les énergies et les vibrations. En plus des quelques suggestions suivantes, on peut aussi pratiquer la psychométrie (voir pages 364 à 369), excellente utilisation de la clairsensibilité.

Une maison hantée

Pour cet exercice, il faut choisir une maison connue pour être hantée par un esprit particulier, mais sans savoir qui est celui-ci. Par exemple, on peut visiter une vieille maison ouverte au public, sans lire la brochure de présentation ou écouter le guide. On doit traverser toutes les pièces l'une après l'autre pour voir si on perçoit une quelconque sensation ou odeur inconnue. Perçoit-on une sensation d'anxiété ou de nervosité dans une pièce, tout en se sentant parfaitement bien dans une autre ? La visite de l'ensemble de la maison terminée, on peut vérifier les impressions éprouvées en écoutant le guide audio ou en discutant avec le personnel.

QUI EST ASSIS DANS MON FAUTEUIL ?

Cet exercice est à pratiquer en compagnie de plusieurs personnes. Chacune doit occuper un fauteuil de la pièce.

1 Tout le monde ferme les yeux et se met en état de méditation ou reste simplement assis tranquillement pendant environ 20 minutes.

2 Ce laps de temps écoulé, tous se lèvent et passent sur le fauteuil placé à leur gauche, sans se parler. Chacun s'assoit dans son nouveau fauteuil et s'accorde à l'énergie émanant de lui.

3 Notez silencieusement les sensations qui arrivent. Vous sentez-vous différent sur ce nouveau siège ? Vous sentez-vous anxieux, relaxé, fatigué, attentif, triste, heureux ?

4 Après quelques minutes, demandez à chaque personne de décrire à son tour ses sensations et à celle ayant occupé précédemment le siège respectif de les commenter. Très souvent, la seconde personne confirmera avoir éprouvé les sensations décrites pendant qu'elle était assise dans le fauteuil concerné.

Psychométrie

Tout ce qui existe – choses animées et inanimées – possède une aura. Le plus souvent, on utilise un objet, de préférence celui ayant l'aura la plus intense. Par exemple, une bague est entourée par un champ électromagnétique renfermant des informations quant à son histoire. Son aura parle des personnes qui l'ont portée et des événements significatifs de leur vie. Un fauteuil installé dans une chambre d'amis n'a pas une aura aussi intense, sauf si au fil du temps quelque chose d'important s'est passé près de lui.

La psychométrie est l'art de lire l'aura des objets inanimés, d'habitude en les tenant dans les mains. La plupart des gens ont connu cette sensation probablement sans le savoir lorsqu'ils ont décidé de ne pas acheter un objet. Par exemple, un bracelet dans la vitrine d'un brocanteur attire l'œil et on entre pour l'essayer. Il est beau, mais dès qu'on le met à son poignet, on commence à se sentir déprimé, fatigué et glacé, à avoir mal à la tête. C'est peut-être une coïncidence, mais on renonce quand même à acheter le bracelet. En sortant du magasin alors que le bracelet est replacé dans la vitrine, on se dit qu'il est toujours beau, tout en ayant quelque chose de déplaisant.

En fait, on vient juste de pratiquer la psychométrie. On a puisé dans l'aura du bracelet et absorbé l'énergie de l'un de ses précédents propriétaires, dépressif ou malade. Impossible de confirmer cette sensation, car l'histoire du bracelet est rarement connue.

TRAVAILLER DANS UN GROUPE

Une manière très efficace de pratiquer la psychométrie est de travailler avec un groupe d'amis ayant les mêmes intérêts. C'est un exercice particulièrement bon pour un cercle psychique (voir pages 184 à 191), car l'énergie combinée des membres élève les

Fiez-vous à vos instincts en absorbant l'énergie d'un objet. Voyez ce qui vous arrive.

vibrations de la pièce et stimule les facultés paranormales de tous.

Chaque personne doit apporter deux ou trois objets sur lesquels pratiquer la psychométrie. Les objets doivent être relativement petits et avoir absorbé l'énergie de leur propriétaire suite à un contact étroit de longue durée : montre, bague, bijou, sac à main, portefeuille, stylo, clés. Leur histoire ne doit être connue que de leur possesseur.

Demandez à tous de placer leurs objets sur un grand plateau, recouvert d'un tissu, pour que nul ne puisse voir les autres objets. Changez les objets de place. Quand tout le monde est prêt, le leader demandera tour à tour à chacun de choisir un objet et d'y pratiquer la psychométrie (voir page 364). Si nécessaire, on établit une durée limite pour la lecture. À la fin des lectures, chacun racontera ses réactions.

Les petits objets portés près du corps, comme montre ou stylo, sont idéaux pour la psychométrie.

PRATIQUER LA PSYCHOMÉTRIE

Si vous désirez apprendre davantage sur la psychométrie et aiguiser vos sens, travaillez avec des objets dont vous-même ne connaissez pas l'histoire. Si vous ne savez rien de l'objet, vous ne saurez si vous êtes tombé juste ou si vous vous êtes trompé qu'après avoir écouté les réactions des autres.
Autrement dit, vous devez travailler en tandem avec quelqu'un qui vous donnera un objet approprié à interpréter. Choisissez une personne positive et large d'esprit, avec laquelle vous vous sentez à l'aise. Dans l'idéal, l'objet ne doit pas lui appartenir, pour ne pas être chargé de son énergie : l'alliance de sa grand-mère ou la montre de son fils, sans préciser qui en est le propriétaire.

1 Avant de commencer la lecture, assurez-vous d'être ancré et équilibré comme d'habitude (voir pages 24 et 25). Cela vous aidera à distinguer vos émotions et sensations physiques de celles déclenchées par la lecture psychométrique.

2 Prenez l'objet et asseyez-vous tranquillement pendant quelques minutes en le tenant. Fermez les yeux si cela intensifie la concentration. Respirez normalement et accordez-vous à l'objet que vous tenez.

3 Certains aiment tenir l'objet sans le serrer dans les mains. D'autres préfèrent le toucher du bout des doigts, d'autres encore le tenir en contact avec leur front. Choisissez la méthode qui vous plaît et qui donne les meilleurs résultats.

4 Notez les pensées, les émotions, les images ou les sensations corporelles ressenties. Ne tentez pas de les analyser, ne vous inquiétez pas si elles semblent étranges ou bizarres, mais mentionnez-les toujours. Elles peuvent avoir une grande signification pour la personne pour laquelle vous pratiquez la lecture. Si vous voyez l'image d'une poule et ne savez pas comment l'interpréter, dites simplement que vous avez vu une poule. Cela peut signifier que le propriétaire de l'objet élève des poules ou vit dans la Ville Poulailler.

5 Commencez à parler et voyez ce qui se passe – c'est l'une des meilleures façons d'effectuer une lecture psychométrique, spécialement quand vous débutez. Vous vous entendrez parler avec aisance et vous vous demanderez d'où vous tenez ce genre d'informations. Ne devenez pas trop conscient de votre image. Dites ce qui vous vient à l'esprit, sans rien inventer.

6 Demandez à l'autre personne de confirmer ou d'infirmer vos dires. Vous serez vraisemblablement étonné par votre degré d'exactitude.

Préconaissance et prémonition

Une subtile différence existe entre prémonition et préconaissance. Prémonition signifie littéralement « alerter d'avance », alors que préconaissance signifie « savoir d'avance ». Les prémonitions impliquent fréquemment un sentiment de présage.

L'humanité à toujours connu la préconaissance et les prémonitions. La plupart des gens ont eu le sentiment de devoir ou non faire quelque chose. On connaît le cas de personnes qui ont senti qu'elles ne devaient pas prendre tel avion ou tel train, apprenant par la suite avec horreur que celui-ci avait eu un accident fatal. Dans d'autres cas, les gens ont tenté d'éviter leur sort et ont quand même fini par le subir. Cela suscite des questions sur le libre arbitre et sur l'heure de sa mort. Certains affirment que chacun meurt quand son heure est venue – il n'y a pas d'erreur sur le moment et le lieu de sa mort. Pour d'autres, l'individu dispose de plusieurs possibilités de disparaître et peut choisir celle qu'il préfère.

AIGUISER SON INTUITION

Comme pour toutes les techniques parapsychiques, on peut s'entraîner à devenir plus conscient de ses intuitions. Le mieux est d'être à leur écoute et d'agir en conformité. On peut aussi tenir un journal où noter les prémonitions, l'action entreprise et le résultat. L'astuce est de faire attention à ses prémonitions sans les

Oublier de mettre son réveil peut signifier qu'on évite un accident mortel.

Rendez-vous à Samarra

Une vieille légende du Moyen-Orient dit que leur heure venue, tous les gens sont destinés à mourir. Un domestique qui faisait ses courses au bazar de Bagdad fut horrifié quand il rencontra la Mort. Celle-ci le fixait d'un regard si pénétrant qu'il se précipita terrorisé chez son maître et lui raconta ce qui venait de se passer. Il demanda qu'on lui prête un cheval pour quitter immédiatement Bagdad, afin d'arriver à Samarra dans la soirée. Le maître accepta et le domestique s'en alla. Un peu plus tard, le maître se rendit au bazar et vit la Mort, toujours au milieu de la foule. Courageusement, il alla vers elle et lui demanda pourquoi elle avait effrayé autant son domestique le matin. « J'ai été surprise de le voir ici », répliqua la Mort. « J'ai rendez-vous avec lui à Samarra ce soir ».

analyser à l'excès et sans en devenir trop conscient. Les laisser s'enregistrer dans son mental puis les noter suffit.

De telles prémonitions vont des plus ordinaires aux très impressionnantes. Par exemple, on décide de prendre un parapluie en sortant par une journée ensoleillée, certain qu'il va pleuvoir – et il pleut. Ou on s'inquiète brusquement d'un ami, persuadé que quelque chose lui est arrivé, pour découvrir ensuite qu'il s'est fracturé la jambe. On connaît des cas célèbres de prémonition et de préconaissance, ayant fini souvent tragiquement.

CHEIRO ET LE *TITANIC*

De nombreuses histoires existent sur les gens ayant eu des prémonitions avant un voyage un jour particulier ou par un mode de transport spécifique. Avant que le *Titanic* quitte Southampton pour son

Plusieurs cas de prémonition quant au naufrage du Titanic *sont connus, même si ce genre d'accident était tenu pour impossible.*

voyage inaugural vers New York le 10 avril 1912, des prémonitions de son naufrage avaient été avancées. Comme le paquebot avait été décrit comme étant insubmersible, ces prédictions ont été dédaignées. Parmi les autres ayant ignoré les avertissements se trouvait le journaliste et éditeur W. T. Stead. Craignant de mourir suite à la violence de la foule, il avait consulté à plusieurs reprises Cheiro, célèbre chiromancien. En juin 1911, Cheiro a écrit à Stead pour lui dire que le seul danger qui le menaçait venait de l'eau et lui a conseillé d'éviter les voyages maritimes, particulièrement à la mi-avril 1912 : « vous rencontrerez un tel danger pour votre vie que le pire risque d'arriver ».

Ayant réservé sa place pour la traversée de l'Atlantique sur le *Titanic*, Stead a ignoré l'avertissement de Cheiro. Il s'est noyé lors du naufrage du 15 avril.

C'est là un exemple de préconaissance de la part de Cheiro, célèbre pour sa justesse non seulement dans le domaine de la chiromancie, mais aussi de la numérologie et de l'astrologie. Stead le savait, car les talents de Cheiro étaient connus des deux côtés de l'Atlantique, pourtant il a choisi de s'embarquer sur le *Titanic*.

L'histoire soulève aussi d'autres questions. Qu'est-ce qui serait arrivé à Stead s'il était resté à Londres et n'avait pas embarqué sur le *Titanic* ? Un quelconque autre danger impliquant l'eau l'aurait-il menacé ?

L'ASSASSINAT DE ROBERT KENNEDY

Tous ceux qui ont une prémonition sur une catastrophe impliquant autrui ne sont pas capables d'avertir la personne respective. Un exemple extraordinaire est celui de Jeanne Gardner, une ménagère de Virginie de l'Ouest. Elle avait toujours entendu une voix qui la prévenait des événements à venir. En 1967, la voix lui avait dit que Robert Kennedy allait être assassiné. Un an plus tard, début juin, la voix lui a dit que le sénateur Kennedy allait être tué dans une « cuisine » aux premières heures du matin, le 5 juin, par un homme de petite taille. Le message finissait par les mots « Sirhan Sirhan ». Mme Gardner a été si perturbée par cette information qu'elle l'a raconté dans la soirée du 4 juin à beaucoup de participants d'un salon de l'édition se tenant à Washington (où elle était allée chercher un éditeur pour son autobiographie). Certes, Robert Kennedy est mort quelques heures plus tard, le 5 juin 1968 à 12h15, assassiné dans l'office de l'hôtel Ambassador de Los Angeles par un homme de petite taille appelé Sirhan Sirhan.

La prémonition de Mme Gardner est notable non seulement par son exactitude, mais aussi pas les détails (y compris le nom correct de l'assassin de Robert Kennedy) et par le fait qu'elle l'avait annoncée devant de nombreux témoins la nuit précédant l'assassinat.

Télépathie et perception extrasensorielle

Dans les années 1930, le terme « perception extrasensorielle » a été adopté comme désignation plus scientifique de ce qui était ordinairement appelé télépathie. Alors qu'on dédaignait la télépathie, la perception extrasensorielle était tenue pour respectable. Le Dr J. B. Rhine, l'un des chercheurs les plus renommés dans le domaine de la parapsychologie, concepteur de ce terme, a dirigé de nombreuses études à l'université de Duke en Caroline du Nord (États-Unis) en tentant de déterminer précisément de quoi il s'agissait. Actuellement, les distinctions entre télépathie et perception extrasensorielle sont plutôt vagues, les deux termes étant utilisées de manière interchangeable. Ce n'est pas tout à fait correct, car des différences les distinguent.

La télépathie est la transmission des pensées et des émotions du mental d'une personne à celui d'une autre. Pour sa part, la perception extrasensorielle permet de sentir la présence de quelqu'un sans se servir des cinq sens habituels. Elle englobe donc une large gamme de facultés, dont la clairvoyance, la psychométrie, la rhabdomancie, la télékinésie, la vision à distance, la préconaissance et, effectivement, la télépathie.

PRATIQUER LA TÉLÉPATHIE

La plupart des gens ont fait l'expérience d'une certaine forme de télépathie, bien qu'ils l'aient tenue pour une simple coïncidence. Un exemple quotidien, une personne dit ce que pensent les autres, surtout si le sujet n'a aucun rapport avec ce qui se passe au moment respectif. Ce phénomène implique des personnes se connaissant particulièrement bien. Par exemple, un couple jardine par un jour d'été lorsque le mari se met à réfléchir : prendront-ils des vacances ou resteront-ils à Noël chez eux faire la fête en famille, comme d'habitude ? Un instant après, avant qu'il ait eu le temps de dire quoi que ce soit, son épouse fait la même

La communication télépathique est souvent très forte entre parents et enfants.

suggestion. Ou on pense à une personne et on reçoit presque immédiatement un appel de sa part. La télépathie est aussi particulièrement forte entre parents et enfants. Souvent, un parent saura avant qu'on le lui dise que son enfant est malade ou a des problèmes.

EXPÉRIMENTER AVEC LA TÉLÉPATHIE

Une méthode classique de test des capacités télépathiques est le jeu de cartes de perception extrasensorielle de Zener. Ce jeu de 25 cartes a été développé par le Dr Rhine et porte le nom de son associé, Karl Zener. Il comporte des cartes avec cinq dessins différents : un cercle, une croix, un carré, une étoile et quelques lignes ondulées. Dans cet expériment de choix forcé (désigné ainsi parce qu'il n'y a pas de choix quant aux images transmises), une personne envoie les images d'une carte à des personnes, assises dans une autre pièce.

Les cartes sont battues par la personne qui envoie les images, puis prises une à une. Cette personne se concentre sur la première carte pendant 2 minutes, alors que le receveur tente de la visualiser. Les 2 minutes écoulées, la personne qui envoie fait sonner une clochette pour indiquer qu'elle passe à la carte suivante. Lorsque les 25 cartes ont été transmises, les personnes comparent leurs notes. Un score de 5 cartes correctement identifiées est dû au seul hasard. Un score plus élevé suggère une activité télépathique.

Les cartes de Zener ont été conçues pour tester les facultés télépathiques des personnes.

TESTS SIMPLES DE PERCEPTION EXTRASENSORIELLE

On peut tester sa perception extrasensorielle dans la plupart des situations ordinaires. Par exemple, lorsqu'on arrive un peu plus tôt au rendez-vous avec un ami, puis on se demande à quel moment précis celui-ci arrivera, puis on vérifie l'exactitude de sa réponse. Ou, dans un restaurant on se demande combien de gens entreront avant l'arrivée de cet ami, puis on vérifie la précision de cette réponse.

La perception de la couleur des objets est un autre test simple, facile à pratiquer avec des feutres colorés disposés devant soi. On ferme les yeux et on déplace les feutres pour éviter de se souvenir de leur position d'origine. Ensuite, on prend un feutre ou on couvre un feutre de sa main pour sentir sa couleur. On ouvre les yeux pour voir si le résultat est juste ou erroné.

Déjà vu

Lorsqu'on ressent une impression de déjà-vu, l'histoire paraît se répéter, comme si on refaisait l'expérience d'un moment particulier. Très souvent, cette sensation concerne des incidents ordinaires. Par exemple, on parle d'un film récent avec un ami, et on a brusquement l'impression d'avoir déjà fait cela jusqu'aux plus infimes détails.

Cette impression naît spontanément et ne peut pas être déclenchée consciemment. Des années peuvent se passer entre ces épisodes.

DE QUOI S'AGIT-IL ?

Plusieurs théories ont vu le jour quant à cette impression de déjà-vu. Certains la prennent pour un mauvais fonctionnement momentané du cerveau, où celui-ci est brièvement incapable de distinguer entre le présent et le passé. Ce phénomène est un symptôme connu de l'épilepsie du lobe temporal : le malade a une forte impression de déjà-vu soit peu avant une crise, soit pendant celle-ci. Une autre théorie affirme qu'il s'agit de la réalisation d'un désir de la personne connaissant cette expérience. Cela n'explique cependant pas pourquoi cette impression est déclenchée par des situations très ordinaires. Pour la psychologie, cette expérience est une paramnésie. Une autre théorie rapproche l'impression de déjà-vu d'une expérience d'une vie antérieure.

JE SUIS DÉJÀ VENU LÀ

Bien que toutes les expériences de déjà-vu ne soient probablement pas liées à une vie antérieure, certaines sont si frappantes qu'elles méritent d'être notées. Arthur Guirdham raconte plusieurs expériences de ce genre dans son livre *Les Cathares et la réincarnation*, en faisant des arguments convaincants de l'existence de la réincarnation.

Certaines expériences de déjà-vu sont si ordinaires qu'il est difficile de leur trouver une raison.

Vision à distance

C'est utile de savoir ce qui se passe de l'autre côté du monde sans avoir à se servir d'un quelconque équipement technologique. On peut ainsi observer les personnes aimées qui sont loin. Les gouvernements peuvent espionner ainsi d'autres pays. Malgré leur air de science-fiction, ces facultés sont déjà pratiquées par une forme de clairvoyance, appelée vision à distance. On donne à une personne le nom d'un endroit du monde, puis on lui demande

Big Brother surveille

Dans le monde actuel, les gens sont surveillés en permanence par l'œil des caméras de télévision en circuit fermé, des satellites et de divers autres appareils. Et, bien qu'ils ne s'en aperçoivent pas, ils peuvent être surveillés par des personnes pratiquant la vision à distance. En 1995, le gouvernement américain a reconnu avoir lancé un programme de ce type dans les années 1970, lorsque la guerre froide était à son apogée. Le programme « Porte des étoiles », qui duré jusqu'en 1995, lui avait permis d'espionner l'Union soviétique et les pays tenus pour hostiles à l'époque. Parmi les diverses techniques utilisées, les meilleurs résultats avaient été obtenus en désignant au visionnaire uniquement une latitude et une longitude particulières. La description de sa vision était remarquablement exacte et détaillée. Cette technique est peut-être encore pratiquée ?

Les visionnaires à distance décrivent en détail les endroits qu'ils voient.

de le décrire. Cette technique est remarquablement précise, spécialement lorsque la personne décrit des visions qu'elle ne comprend pas.

PRATIQUER SEUL

Si on désire pratiquer la vision à distance, un assistant est exigé qui vérifiera les descriptions. Cette personne pourra fournir les coordonnés géographiques d'un endroit qu'elle connaît, puis dire ce qu'elle pense des résultats des tentatives de vision. Les partenaires ne doivent pas se mettre d'accord sur un moment précis pour ce genre d'expérience, afin d'éviter d'y penser et de ne pas déclencher la télépathie qui perturbera l'expérience. Ils peuvent s'accorder cependant sur un jour déterminé.

Psychokinésie

Simplement dit, la psychokinésie est la faculté d'exercer un contrôle mental sur la matière, par exemple déplacer une chaise à travers la pièce. L'action semble extraordinaire, mais n'a rien de nouveau. Le Nouveau Testament comporte un exemple notable de psychokinésie : Jésus change l'eau en vin.

La psychokinésie a été étudiée minutieusement dans les laboratoires scientifiques, avec des degrés variés de réussite. Chez la plupart des gens, elle exige une énorme concentration mentale, d'autres la pratiquent naturellement. Certains praticiens de la psychokinésie transpirent abondamment pendant les expériences et perdent beaucoup de poids, tandis que d'autres, comme Uri Geller, ne font aucun effort.

TORDRE DES CUILLÈRES

La capacité d'Uri Geller de tordre des cuillères a fait sensation lors de sa première apparition à la télévision britannique au début des années 1970. Des cuillères en métal tout à fait ordinaires, parfaitement droites, se ramollissaient et se tordaient en prenant des formes alambiquées lorsque Geller les touchait. Bien que les magiciens affirmassent qu'il s'agissait d'un simple tour de passe-passe, ou que Geller tordait lui-même les cuillères quand personne ne regardait, la science voyait les choses différemment. Quand les cuillères tordues de Geller avaient été analysées en laboratoire, on avait découvert que le métal avait subi un stress considérable, incompatible avec une torsion manuelle. D'autres forces étaient à l'œuvre. Il est intéressant de noter que selon Geller les jeunes enfants tordaient sans problème des cuillères parce qu'ils n'avaient pas encore appris que cela est impossible.

LE SANDWICH QUI BOUGEAIT

La psychokinésie ne consiste pas seulement à tordre des cuillères ou à réparer des montres cassées, un autre des talents de Geller. Certains praticiens de la psychokinésie peuvent bouger aussi des objets. Nina Koulagina, une ménagère russe, pouvait déplacer les stylos et l'aiguille des boussoles. Une autre Russe, Nelya Mikhailova, était censée avoir fait bouger le sandwich d'un journaliste à travers un bureau et l'avoir fait tomber par le seul pouvoir de son mental.

Les pouvoirs parapsychiques d'Uri Geller sont encore sujet de controverse plus de 30 ans après qu'il soit devenu célèbre.

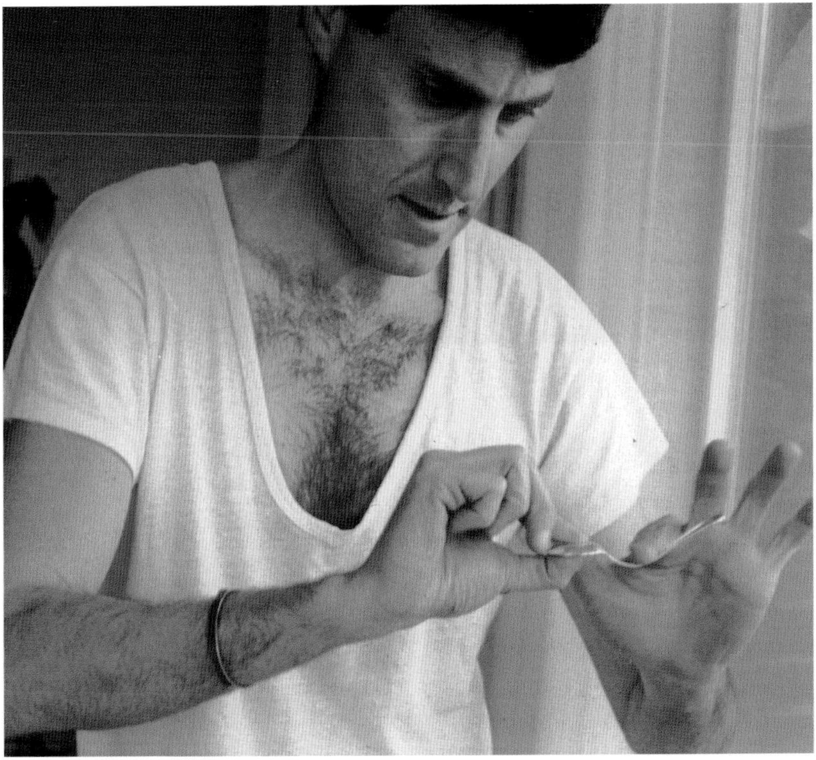

Glossaire

ÂMES JUMELLES. L'autre moitié de sa propre âme.

ÂME SŒUR. Personne qu'on a connu au fil de plusieurs vies antérieures et avec laquelle on entretiendra probablement une vaste gamme de relations.

ANCRAGE. Processus essentiel du travail parapsychique, qui enracine l'énergie d'une personne dans la terre.

ANGE. Être céleste. Le monde angélique est censé être divisé en trois sphères, chacune comportant trois ordres.

ANGE GARDIEN. Ange consacré à la protection d'une personne durant toutes ses vies et états intermédiaires.

ARCHIVES AKASHIQUES. Zone du plan astral renfermant des enregistrements de tout ce qui s'est passé, se passe et se passera sur la Terre.

AURA. Enveloppe d'énergie électromagnétique entourant toute entité vivante. L'aura des êtres humains est formée de sept strates.

BOULE DE CRISTAL. Boule ronde, utilisée pour l'interrogation de l'avenir. Sa surface réfléchissante induit une transe légère.

CARTES ZENER. Jeu de 25 cartes, chacune portant l'image d'une étoile, d'un carré, d'une croix ou de lignes ondulées. L'image de chaque carte est envoyée télépathiquement d'une personne à une autre.

CÉROMANCIE. Forme de divination où la cire fondue est versée dans un bol d'eau et la silhouette formée lorsqu'elle se solidifie, interprétée.

CHAKRA. Point d'énergie à l'intérieur de l'aura et du corps humain. Les sept chakras principaux sont des points où convergent le plus de lignes énergétiques de l'aura. Les quatre chakras supérieurs n'existent que dans l'aura.

CHANNELLING. La capacité de transmettre des messages de la part d'une entité non physique.

CHIRURGIE PSYCHIQUE. Opération physique effectuée sur un patient par un guérisseur, souvent en transe.

CLAIRAUDIENCE. Capacité d'entendre les voix et les bruits des esprits, soit comme des sons extérieurs, soit mentalement.

CLAIRCONNAISSANCE. Capacité de savoir des choses sans les avoir apprises.

CLAIRSENSIBILITÉ. Capacité de s'accorder aux atmosphères ou aux sensations émotionnelles ou physiques d'autrui.

CLAIRVOYANCE. Capacité de voir des esprits, soit mentalement, soit matérialisés.

CRISTAUX. Pierres précieuses ou semi-précieuses aux puissantes propriétés énergétiques. Particulièrement efficaces pour la guérison.

DÉJÀ-VU. Sensation qu'un événement qui a déjà eu lieu ou a déjà été vécu.

ÉCRITURE AUTOMATIQUE. Écriture suscitée par la communication avec un esprit.

ECTOPLASME. Substance soyeuse secrétée par le corps d'un médium en transe.

ESPRIT FRAPPEUR. Esprit perturbateur qui déplace les objets et fait du bruit.

ESPRIT GUIDE. Entité non physique qui guide une âme à travers ses vies.

ESPRIT MAÎTRE. Grand maître ou prophète ayant jadis vécu sur Terre.

EXPÉRIENCE DE MORT IMMINENTE. Expérience où l'esprit de la personne quitte son corps et va vers un tunnel sombre débouchant sur une source de lumière. L'esprit revient ensuite dans le corps.

EXPÉRIENCE EXTRACORPORELLE. Le corps astral d'une personne se sépare brièvement de son corps physique.

FANTÔME. Esprit qui hante régulièrement un endroit particulier. Les fantômes sont souvent les esprits des gens ne réalisant pas qu'ils sont décédés.

GROUPE D'ÂMES. Groupe d'âmes qui choisissent de s'incarner à peu près au même moment.

INCONSCIENT COLLECTIF. Nom donné par Jung à un niveau très profond de la psyché, que possèdent tous les gens.

INTERROGATION DE L'AVENIR. En regardant fixement une surface luisante ou réfléchissante, on induit des visions ou une transe.

LAMES DU TAROT. Jeu de 72 lames utilisé pour la divination, formé de l'Arcane majeur et de l'Arcane mineur.

MANDALA. Dessin symbolique sacré, souvent utilisé comme point focal pour la méditation ou la contemplation. Selon la psychologie jungienne, symbole du moi.

MÉDITATION. Forme de contrôle de la pensée ou de contemplation où le mental est tourné vers lui-même.

MÉDIUM. Intermédiaire entre une personne vivante et un esprit.

MÉRIDIEN. Canal par lequel l'énergie, le *chi,* circule autour du corps. Les méridiens sont particulièrement importants pour l'acupuncture.

PENDULE. Appareil façonné en cristal, en bois ou en métal, utilisé pour la rhabdomancie.

PERCEPTION EXTRASENSORIELLE. Capacité de percevoir une chose sans utiliser l'un des cinq sens.

PRÉCONNAISSANCE. Capacité de connaître des choses sans les avoir apprises, grâce à des moyens parapsychiques.

PRÉMONITION. Avertissement préalable à un événement, reçu par des voies parapsychiques.

PHOTOGRAPHIE KIRLIAN. Méthode d'enregistrement de l'aura des entités vivantes.

PSYCHOKINÉSIE. Capacité d'affecter des objets grâce au pouvoir du mental.

PSYCHOMÉTRIE. Capacité d'apprendre l'histoire physique et émotionnelle d'un objet en le touchant.

RÉINCARNATION. Croyance partagée par beaucoup de religions, selon laquelle la mort n'est pas la fin.

REMÈDE FLORAL. Préparé en laissant les fleurs macérer dans l'eau. Le remède énergisé résultant harmonise les émotions.

RÊVE LUCIDE. Capacité d'une personne qui rêve de se rendre compte de son état et d'influencer l'issue de son rêve.

RHABDOMANCIE. Capacité de s'accorder à l'énergie d'un objet particulier en utilisant un pendule ou les chakras des mains.

RUNES. Forme de divination utilisant une série de 24 pierres, chacune gravée d'une lettre de l'alphabet runique.

SYNCHRONICITÉ. Nom donné par Carl Jung à une coïncidence significative, « théorie de la connexion acausale ».

TÉLÉPATHIE. Capacité d'une personne de se connecter à une autre par le pouvoir de son mental.

VISION À DISTANCE. Capacité d'observer un endroit ou une personne à travers des moyens parapsychiques.

VOYAGE ASTRAL. Capacité de voyager sur le plan astral.

YI KING. Méthode chinoise de divination, tenue pour une forme de philosophie.

Lectures conseillées

Andrews, Ted, *Comment rencontrer vos guides spirituels et travailler avec eux*, A. Labussière, 1997

Atwater, P. M. H., *Retour de l'après-vie*, Éd. du Rocher, 1993

Borgia, Anthony, *Ma vie au Paradis*, Dervy, 1970

Campbell, Joseph avec Moyers, Bill, *Puissance du mythe*, J'ai Lu, 1991

Gerber, MD, Richard, *Vibrational Medicine for the 21st Century*, Piatkus, 2000

Guirdham, Arthur, *Les Cathares et la réincarnation*, Payot Rivages, 2004

Sheldrake, Rupert, *Ces chiens qui attendent leur maître : autres pouvoirs inexpliqués des animaux*, Éd. du Rocher, 2001

Stevens, Anthony, *Jung : l'œuvre-vie*, Éd. du Félin, 1994

Struthers, Jane, *Travailler avec l'aura*, Éd. Véga, 2006

Van Praagh, James, *Dialogues avec l'au-delà*, J'ai Lu, 2004

Weeks, Nora, *Les découvertes médicales d'Edward Bach, médecin*, Le courrier du livre, 1999

White, Ian, *Les élixirs floraux du bush australien*, Éd. Ulmus, 1998

Index

Remerciements

CRÉDITS PHOTOS

Photographie particulière : © Octopus Publishing Group Limited/Russell Sadur.

Autres photographies : Alamy 331 ; /Ace Stock Limited 52-53 ; /allOver Photography 317 ; /Bubbles Photolibrary 300-301 ; /Damita Delimont 153 ; /Mary Evans Picture Library 249, 345, 376 ; /nagelestock.com 245 ; /Alan Novelli 254. **Bridgeman Art Library**/Bonhams, UK, Phillips, The International Fine Art Auctioneers, UK 299. **Corbis UK Limited** 106, 121, 281 ; /Bettmann 35 ; /Gary Edwards/zefa 296-297 ; /Blasius Erlinger/zefa 290 ; /David Lees 61 ; /Hans Neleman 40 ; /Vittoriano Rastelli 246-247 ; /Roger Ressmeyer 34 ; /Bo Zaunders 256 ; /Herbery Zetti 27. **DigitalVision** 16. **Getty Images** 113, 149, 286, 372 ; /Jutta Klee 379 ; /LWA 122. **ImageSource** 22, 119, 285, 294. **Mary Evans Picture Library** 347 ; /Guy Lyon Playfair 130, 383 ; /SPR 227. **Octopus Publishing Group Limited** 48, 159, 162, 164-165, 229, 292, 318, 370 ; /Bob Atkins 324, 325 top, 325 bottom ; /Paul Bricknell 102, 274-275 ; /Stephen Conroy 266 ; /Fraser Cunningham 9, 12, 24, 58, 83, 85, 86, 87, 90-91, 138, 139, 143, 151, 160, 358; /Robert Estall 322 ; /Steve Gorton 319, 320, 323, 326, 332, 334, 336 ; /Colin Gotts 111, 289 ; /Mike Hemsley at Walter Gardiner 302 ; /Mike Hemsley 107, 222, 241 ; /Ruth Jenkinson 19, 128, 148 ; /Ray Moller 321 ; /Ian Parsons 114, 212-217 ; /Mike Prior 18, 65, 99, 158, 161, 167, 175, 231, 236, 258, 342 ; /Peter Pugh-Cook 173 ; /William Reavell 54, 57, 354 ; /Tim Ridley 327 ; /Ian Wallace 115 ; /Mark Winwood 135, 361. **PhotoDisc** 221, 233, 234, 381. **Photolibrary Group** 17, 328 ; /Teo Lannie 123. **Science Photo Library**/Oscar Burriel 15 ; /Ian Hooton 172 ; /Manfred Kage 13 ; /National Library de Medicine 47 ; /Alfred Pasieka 62. **TopFoto**/Charles Walker 132.

REMERCIEMENTS DE L'AUTEUR

Beaucoup de gens m'ont aidé à écrire ce livre et je les remercie tous. En premier, l'équipe de Godsfield Press, avec laquelle j'ai pris grand plaisir à travailler une fois de plus. Merci en particulier à Sandra Rigby pour m'avoir demandé d'écrire ce livre, à Jennifer Barr pour son aide, à Clare Churly pour sa gestion quotidienne de ce livre et, dernière mais tout aussi importante, merci à Mandy Greenfield pour sa mise au point de ce livre. Merci à mon cher collègue et ami Frank Clifford, pour m'avoir prêté ses livres de référence. Ma gratitude va aussi au personnel de la Tenderden Library, qui a commandé de nombreux livres pour moi et m'a beaucoup aidée. Comme toujours, mes remerciements et mon amour vont à mon agent, Chelsey Fox, et à mon époux, Bill Martin. Enfin, j'aimerais remercier Sophie et Hector, qui m'ont tellement appris.

Éditeur exécutif : Sandra Rigby
Directeur de gestion : Clare Churly
Directeur artistique exécutif : Sally Bond
Maquettiste : Julie Francis
Iconographe : Sophie Delpech
Contrôleur de production : Audrey Walter